Luise F. Pusch

Der Kaiser sagt Ja

und andere Glossen

WALLSTEIN VERLAG

Für Joey Horsley

Bibliografische Information der Deutschen Nationalbibliothek
Die Deutsche Nationalbibliothek verzeichnet diese Publikation in der Deutschen Nationalbibliografie; detaillierte bibliografische Daten sind im Internet über http://dnb.d-nb.de abrufbar.

www.wallstein-verlag.de
Vom Verlag gesetzt aus der Stempel Garamond
Umschlaggestaltung: Susanne Gerhards, Düsseldorf,
unter Verwendung von »King of Business«, Susan Farrington/ Getty Images
Druck: Friedrich Pustet, Regensburg
ISBN 978-3-8353-0455-0

Inhalt

Engelkinder

Alles so konfus hier

In der *Zeit* Nr. 24 vom 5. Juni schreibt Angelika Dietrich unter der Überschrift »Oma, du bist mein Freund« einen Artikel über das Enkelsitten, wie sie es nennt. Er beginnt mit der Zusammenfassung, die uns neugierig machen und zum Weiterlesen anregen soll:

> Die Großeltern sind unentbehrliche Babysitter, wenn die Eltern berufstätig sind. Aber konfliktfrei ist dieses Arrangement nicht.

Wie denn nun? Oma oder Großeltern? Ich bin tatsächlich neugierig geworden. Wir wissen schon, daß die Frauen auch noch im fortgeschrittenen Alter fast die ganze Familien-Arbeit alleine machen, aber zunächst wird uns noch etwas mehr Sand in die Augen gestreut:

> 30 Prozent der Großmütter in Deutschland betreuen mindestens einmal pro Woche ihre Enkelkinder. Bei den Großvätern ist es etwa ein Viertel. Und weniger regelmäßig hüten fast 60 Prozent der Großmütter und mehr als die Hälfte aller Großväter innerhalb eines Jahres ihre Enkelkinder. Das haben Karsten Hank von der Universität Mannheim und Isabella Buber vom Demographischen Institut Wien in einer Studie zu Generationenbeziehungen im alternden Europa festgestellt.

Also in beiden Gruppen, wenn ich richtig rechne, sollen die Großväter grade mal 5 Prozent weniger beteiligt sein am Enkelbetreuen? Ich glaube das nicht. Und die Autorin anscheinend auch nicht. Denn im Rest des Artikels redet sie nur noch vom Modell Oma:

Das Oma-Modell ist für die, die keine Oma zum Kinderhüten haben, Anlass zum Neid: Die Oma kostet nichts, die Oma hat keine Schließzeiten, die Oma ist keine fremde Bezugsperson, man kennt die Erziehungsmethoden. Die Oma als Zauberformel, die alle Betreuungssorgen löst.

Opa kommt auch tatsächlich in dem ganzen Artikel nur ein einziges Mal vor, und zwar sagt eine weit auswärts enkelsittende Oma über ihn: »Ich habe ja hier auch noch mein Leben und meinen Mann. Der ist nicht sehr häuslich. Wenn ich weg bin, koche ich vor und bitte die Nachbarn, den Müll rauszustellen.«

»Nicht sehr häuslich« ist gut. Ihr Mann ist offenbar ein Oberfaultier – daß sie es mit ihm noch aushält, kann nur an seiner üppigen und ihrer Mini-Rente liegen. Und wo hat Opa gelernt, daß er noch nicht mal den Müll alleine rausstellen kann, so daß seine Frau das mit Hilfe der Nachbarn (ich vermute: Nachbarin) organisieren muß?

Sicher schon in frühster Kindheit, als seine Mutter alles hinter ihm her räumte, ihn bekochte usw. Und wenn die nicht (mehr) konnte, kam die Oma zu Hilfe.

Der Artikel schließt mit einer herzigen Betrachtung:

Als sich Annemarie Seifert auf ihren neuen Job einließ, war sie 74. Ob sie je bereute, was sie sich da auflud? Sie schweigt ein wenig, die Bäckchen werden rosa, dann sagt sie: »Wenn Jasper sagt, ›Oma, du bist mein Freund‹, da geht einem das Herz auf. Das ist immer der Mühe wert.« Und ihre Tochter muss einfach damit klarkommen, dass die Kinder am Freitag »Oma« zu ihr sagen.

Aber nicht nur die Kinder sind konfus. Alle sind konfus. Ist ja auch kein Wunder bei der konfusen Sprache, die die Arbeit der Omas den »Großeltern« zuschreibt. Oma bekommt dafür den Ehrentitel »Freund«, der sie so rührt, daß ihm das Herz aufgeht. Nicht ihr? Nein, »da geht einem das Herz auf«, sagt der Freund.

Juni 2008

Wer donnert denn da?

Gestern und vorgestern hatten wir »granny duty«, zu Deutsch »Enkelsitten«: Unsere lebhaften 6jährigen Zwillings-Engelkinder waren zu Besuch, damit die gestreßten Eltern sich ein bißchen von ihnen erholen konnten.

Gegen Mittag gab es ein heftiges Gewitter, und während Aeryn auf dem Sofa unbeeindruckt weiter in ihrem Buch las, flüchtete Elizabeth zu uns in die Küche. Ob wir einen Blitzableiter hätten, wollte sie wissen. »Nein, in der Straße sind so viele höhere Häuser und noch viel höhere alte Bäume, die werden zuerst getroffen«, versicherten wir.

Die Auskunft beruhigte sie nicht sehr, deshalb versuchte sie es mit einem Scherz: »Ich habe gehört, wenn es so regnet, das bedeutet, Gott ist auf dem Klo.«

»Oder Gott weint«, meinte Joey, der die Gleichung Regen = Pipi zu prosaisch war.

»Und wenn es donnert, das bedeutet, daß Gott böse ist«, erklärte Elizabeth weiter. Und nach einer Pause: Ihre Mutter (Joeys Tochter Kate ist Lehrerin) hätte erzählt, die Jungens glaubten, Gott wäre ein Er, aber die Mädchen glaubten, Gott wäre eine Sie.

»Und was glaubst du?« fragten wir.

Sie dachte längere Zeit nach. »I think God is a boy«, bemerkte sie schließlich. Sie dachte also auch mehr an ihresgleichen, aber eher generationsmäßig.

Während draußen der Regen immer heftiger rauschte, die Blitze in immer schnellerer Folge blitzten und der Donner furchterregend grollte, entspann sich ein tiefschürfendes Gespräch unter Frauen.

»Ich denke«, sagte ich, »das ist nicht Gott, der Pipi macht und böse ist, sondern Mutter Natur, die ein wenig saubermacht. Etwas geräuschvoll, gebe ich zu.«

»Ich glaube«, sagte Elizabeth, »Mutter Natur ist die Frau von Gott.«

»Wieso?« fragten wir.

»Weil wenn Gott der Vater ist und wir Gottes Kinder, braucht man auch eine Mutter. Mutter Natur. Und Jesus war ihr Lieblingskind.«

»Ja, er hatte ein paar ganz gute Ideen«, gaben wir zu.

»Aber wenn Gott nun eine Sie ist?«

»Dann sind die Eltern eben zwei Frauen, so wie bei euch. Everybody knows that girls can marry girls.«

Damit waren wir sehr einverstanden.

Aeryn hatte inzwischen ihr Buch ausbuchstabiert und gesellte sich zu uns. Sie las es uns noch einmal vor. Dann mußte auch ich noch ein Bilderbuch vorlesen. Es hieß *Arthur's First Kiss*, von Marc Brown. Joey hatte das Buch gestern, nichts Böses ahnend, extra für den Engelbesuch aus der Leihbibliothek geholt.

»Pfui«, rief ich aus, als ich das Buch zu Ende vorgelesen hatte. »Das Buch sagt, es ist für einen Jungen besser, von einem Hund abgeschleckt als von einem Mädchen geküßt zu werden.«

»Gar nicht pfui!« widersprach Aeryn zornig. Und es donnerte wieder ein wenig. Ob das nun Gottvater war, den meine Bemerkung erbost hatte, oder Mutter Natur, die sich herzhaft eins furzte – wer kann das wissen.

Juni 2008

Die kleine Bärjungfrau

Letzten Sonntag kamen die beiden Engelkinder aus ihren Ferien in Maine zurück. Im Schlepptau hatten sie zwei neue Puppen, eine *bear princess* und eine *bear mermaid* oder »bear maid« – zu Deutsch wohl »kleine Bärjungfrau« (auf *Bärin* verzichte ich hier mal wegen der Assonanz *Meer/Bär*).

Einen Tag zuvor hatte ich mich in der Glosse zum Bikinibereich über seltsame amerikanische Bräuche wie die Ausstattung von Babys mit einem BH verbreitet (s. S. 42-44). Was könnte dazu besser passen als jetzt die Kleine Bärjungfrau mit ihrem ebenfalls total überflüssigen BH?

Aeryn und Elizabeth lieben die Puppen sehr, deshalb blieb ich bei dem kuriosen Anblick so ernsthaft wie möglich und bewunderte sie nach Kräften, besonders die aparte Kreuzung zwischen einer Jungfrau, einem Fisch und einer Bärin.

Hans Christian Andersens Kleine Meer- oder Seejungfrau bedeckt ihre Blöße bei Bedarf mit Meerschaum oder mit ihren langen Haaren – der BH war ja zu Andersens Zeiten auch noch gar nicht erfunden. Aber die kleine Bärjungfrau hat ja nun keinerlei Blöße mehr, nur ihr weiches Teddyfell. Den rosa BH hat sie nur verpaßt bekommen, damit sie nicht zu weit vom Original abweicht, Walt Disneys *Little Mermaid*. Die wiederum trägt ihren lila BH nicht nur wegen der Sittlichkeit, sondern vor allem wegen des Merchandising, wie Joey meinte: Bei einer Puppe ließe sich mit Meerschaum und langem Haar nicht so leicht hantieren wie in der Literatur oder im Film.

Sie ist gelernte Mutter und kennt sich aus. Wenn wir Disneys *Little Mermaid* mit der Statue der Kleinen Seejungfrau im Hafen von Kopenhagen vergleichen, fallen

© *Joey Horsley*

neben der unterschiedlichen Dessous-Ausstattung auch die Unterschiede im Taillenumfang und der Haarpracht ins Auge. Nachdem Disney den Busen eingepackt hatte, mußten sie die Gestalt halt anderweitig verschärfen.

Die Kleinen nehmen hin, was ihnen geboten wird; sie sind vernarrt in die bärigen Damen und würden nicht verstehen, was an einer Kleinen Bärjungfrau etwa komisch sein soll.

Auch ich habe mich inzwischen an das extravagante Paar gewöhnt und mag es nicht mehr missen.

Juli 2008

Familienbande

Mutter Schimanskis Sohn

Götz George wird am 23. Juli 70 Jahre alt. Schon ein Vierteljahr vorher fingen die Medien an, ihren Schimanski zu feiern, von *TTT – Titel Thesen Temperamente* bis *Beckmann*. Nichts gegen Götz George oder Schimanski, einige der ruppigen Duisburg-*Tatorte* habe ich gesehen und konnte so die berühmte »Körperlichkeit« der »Naturgewalt« Götz George auch genießen. Ohne Vorführung der blanken Heldenbrust tat George es nicht, das vor allem ist mir in Erinnerung geblieben. »Ob er wohl wieder den Strip hinlegt?« fragten wir uns jeweils zu Anfang – und wurden nie enttäuscht.

Die feministische Relevanz des Themas Götz George drängte sich mir gleich in der ersten Geburtstags-Sendung auf, die ich zufällig mitbekam. Götz Georges Eltern waren die berühmte Schauspielerin Berta Drews und der berühmte Schauspieler Heinrich George, auch er gern als »Naturgewalt« charakterisiert. Heinrich George hieß eigentlich mit Nachnamen Schulz, aber George klingt ja viel edler, und so nennt Götz Schulz sich denn auch lieber Götz George, Adel verpflichtet. Er hätte sich allerdings auch Götz Drews nennen können, nach der von ihm scheint's sehr geliebten Mutter und großartigen Schauspielerin. Großartige SchauspielerInnen waren beide Eltern, aber beide waren auch Nazi-Kulturgrößen. Nur auf diesem weniger rühmlichen Gebiet hat sich Heinrich den Vorrang ehrlich verdient.

TTT verlor über die Mutter kein einziges Wort. George war nur »der Sohn des großen Heinrich George«. Daß der »bis zum Schluß blind vor den Nazigrößen

Harfe gespielt hat« (Jürgen Fehling) – kein Thema, vergeben und vergessen (s. dazu Ernst Klee, *Das Kulturlexikon zum Dritten Reich: Wer war was vor und nach 1945*. Frankfurt/M. 2007, S. 178).

In der Beckmann-Talkshow trat auch Götzens einziges Kind auf, Tochter Tanja, als Überraschung eingeflogen aus Australien, sie arbeitet dort für den Film, neuerdings ist sie auch Bildhauerin. Tanja heißt auch George nach dem Vater und Großvater, obwohl die Ehe ihrer Eltern nach zehn Jahren geschieden wurde und sie bei ihrer Mutter Loni von Friedl aufwuchs, der sie wie aus dem Gesicht geschnitten ist. Götz George sieht sie so wenig ähnlich, daß frau sich fast fragen möchte, wer denn da vielleicht der Kuckucksvater war …

Die SchauspielerInnenfamilie Drews-George-von Friedl kann als Musterbeispiel dafür dienen, daß die mütterliche Abstammungslinie (die biologische *und* die künstlerische) in unserem männlichen Kulturbetrieb keine Rolle spielt, egal wieviel die Mütter für ihr Kind getan haben und egal wie bedeutend sie sind.

Heinrich George starb mit 52 Jahren, da war sein Sohn Götz 8 Jahre alt. Er konnte mithin nicht viel Einfluß auf ihn ausüben, ihm höchstens schauspielerisches Talent und »massive Körperlichkeit« vererben, und das hat er wohl auch getan. Mächtigen Einfluß auf ihr Kind Götz hatte hingegen die Mutter, Berta Drews, die 1987 starb, da war Götz 49! In der Beckmann-Show dankte er ihr auch überzeugend für all die Liebe, mit der die früh und urplötzlich Verwitwete ihre beiden Söhne großgezogen hat. Aber mit keiner Silbe würdigte er die Mutter als die große Schauspielerin, die sie war – und von der er ja wohl mindestens soviel Talent geerbt hat wie von seinem berühmt-berüchtigten Vater.

Gut, frau kann verstehen, daß in unserer patriarchalen Kultur der Sohn sich eher am Vater ausrichtet, vielleicht gerade, weil er früh verstarb. Das führt fast automatisch zur Verklärung. Aber ausgerechnet bei diesem Nazi-Vater?

Nun zur Tochter, Tanja George. Was tut sie? Das TV blendet immer brav ein, sie sei die Tochter von Loni von Friedl und Götz George. Tanja erzählt auch, der Vater habe die Familie verlassen und man habe sich halt nur noch in den Ferien gesehen. Woraus wir schließen dürfen, daß auch sie bei der Mutter aufwuchs. Auch ihre Mutter, die bereits mit 15 am Burgtheater spielte, ist eine große Schauspielerin, außerdem ist sie wirklich von Adel.

Trotzdem nennt die Tochter sich lieber nach dem Vater und dem Nazi-Großvater, Tanja George, nicht Tanja von Liebentreu oder von Friedl, dem richtigen bzw. dem Künstlerinnennamen der Mutter. Und sie sagt bei Beckmann, ja, in ihrer Filmarbeit zeige sich schon das Erbe des Vaters. Nicht: der Eltern. Ihre Mutter erwähnt sie kein einziges Mal. Dabei hatten wir doch grade Muttertag!

Zum Schluß dieser betrüblichen, aber keineswegs überraschenden Bilanz ein Zitat aus Bertha Drews' Erinnerungen, die ihren Söhnen Jan und Götz gewidmet sind (*Wohin des Wegs? Erinnerungen.* Frankfurt/M., Berlin, Wien 1988 [1986], S. 294):

> … hatte ich schließlich im Laufe der Jahre eine Reihe von Auszeichnungen erworben, war Ehrenmitglied des Schiller-Theaters und für die vielen treuen Verehrer Heinrich Georges dessen respektable Witwe, die man oft bevorzugt bediente. Das alles wurde in den Schatten gestellt durch das Prädikat »Mutter von Schimanski«. Fans, die mich ansprachen, hatten sicher keine Ahnung, daß es eine Schauspielerin gibt, die seit 1930 in Berlin ansässig ist und die Berta Drews heißt!

Falls Mutter Schimanskis Sohn selber eine Ahnung davon hat, ließ er davon nichts durchblicken. Eisern.

Juni 2008

Feste

Bravo Michael Ostrowski!

Gestern abend brachte 3sat die Eröffnung der Wiener Festwochen, das Große Finale des 13. Eurovisionswettbewerbs für »junge Musiker« (*sic*). Zehntausende hatten sich auf dem Wiener Rathausplatz versammelt, um dem Mega-Event beizuwohnen. Ihnen und den ZuschauerInnen in aller Welt gab der charmante und witzige Moderator Michael Ostrowski eine gründliche Lektion in frauenfreundlicher Sprache. Konsequent redete er von den sieben Finalistinnen.

»Na so was«, fragten wir uns, »sind da wirklich nur Frauen ins Finale gekommen?« Wir wissen ja, daß Frauen oft besser sind, aber daß das auch mal erkannt und anerkannt wird, ist doch eher selten. Nach zwei, drei Finalistinnen trat dann aber überraschend ein Finalist auf; er spielte die Oboe. Der unerschrockene Sprachpionier redete weiter nur von Finalistinnen, Musikerinnen und den Zuschauerinnen auf dem Platze, den »lieben Freundinnen hier und an den Bildschirmen in aller Welt«, die er zum Schluß aufforderte, mit ihren Partnerinnen den Abschlußwalzer zu walzen.

Eine Sternstunde des Fernsehens. Wir möchten mehr von Michael Ostrowski sehen und hören!

Mai 2006

Commencement

Diese Glosse paßt zum Monat Juni, aber ich schrieb sie drei Monate vor dem 11. September 2001. Die ausgelassene, zukunftsfrohe Stimmung der Commencement-Feier, die auch mich Party-Muffelin ansteckte, ist vielleicht unwiederholbar. Inzwischen haben die Untaten der Bushregierung das Amerikabild radikal verdüstert – nicht nur für den Rest der Welt, sondern vor allem für die meisten US-AmerikanerInnen selber, was der Rest der Welt gern übersieht. Tun wir also einen Blick zurück in ein anderes Zeitalter.

Im Juni feiern US-amerikanische Universitäten »Commencement« (wörtlich: »Beginn«). Auf deutsch wäre das eine akademische Abschlußfeier, aber hier betont man – wie wir schon von den »Pro-Choice«- und »Pro-Life«-Abtreibungskontrahenten wissen – lieber das Positive: Jeder Abschluß ein Beginn.

Mit dem Commencement werden alle Studierenden eines Jahrgangs, wobei unter »Jahrgang« anders als beim Wein das Jahr des Abschlusses verstanden wird, mit Pomp und hochbezahlten Reden eingeflogener »Celebrities« von ihrer Uni verabschiedet und ins außeruniversitäre Leben entlassen. Jede Uni hat ein großes Interesse daran, daß die Studierenden sie in guter Erinnerung behalten und lebenslang stolz auf ihre Verbindung zu gerade dieser Uni sind: Sie sollen nämlich der zahlreichen Gruppe der Ehemaligen (Alumnae/Alumni) beitreten und ihre Verbundenheit nicht nur durch T-Shirts, Baseball-Mützen und Kaffeebecher mit dem Uni-Logo, sondern vor allem durch kräftige Spenden lebenslang feiern (»celebrate« – eins der Lieblingsworte für das landesübliche tatenfrohe Eintreten für Werte aller Art).

In Deutschland bezahlt der Staat die Universität, und

was die Studierenden von ihrer Uni halten, ist dieser gänzlich wurscht. Ein Verbundenheitsgefühl mit meiner Uni? Lächerlich! Mit meinem – Jahrgang? Was soll das denn sein?

Die richtig großen amerikanischen Unis, wie z.B. Stanford in Palo Alto, Kalifornien, brauchen für ihre Commencement-Zeremonie ein Sportstadion. Zum Commencement der Harvard-Universität ist jeweils ganz Boston und Cambridge mit den Autos der aus dem ganzen Land und aus Übersee angereisten Verwandten des Abschlußjahrgangs verstopft.

Meine Lebensgefährtin ist Prof an der auch nicht grade mickrigen *University of Massachusetts* in Boston, kurz UMass Boston, und waltet dort zur Zeit als *Interim Associate Dean of Undergraduate Education*. So muß sie sich auf dem Antwortgerät melden, und so wird sie bei offiziellen Anlässen auch angeredet. Obwohl die AmerikanerInnen sonst alles abkürzen, sogar das flott auszusprechende »world wide web« zu »doubleyou doubleyou doubleyou« bzw. »dubya dubya dubya«, haben sie es bei diesem Wortungetüm noch nicht geschafft. Joey war als *Interim Associate Dean of Undergraduate Education* offiziell für die Abwicklung der Commencement-Feier mitverantwortlich, die sie bis dato, wie die meisten, die sich trauen, tunlichst gemieden hat. Diesmal mußte sie hin, und ich durfte mit, bekam sogar einen Platz in der VIP-Lounge, ganz nah am Podium, das für den Lehrkörper, Kanzler, Präsidenten und Ehrengäste vorgesehen war, während sich die Masse im Hintergrund versammelte: 2.500 Studierende des Jahrgangs 2001 mit FreundInnen und Anverwandten – insgesamt etwa 8.000 (in Worten: achttausend) Personen. Veranstaltungsort war das der Uni nahe gelegene *Bayside Expo Center*, wo sonst große Industriemessen stattfinden.

Als ich meinen Platz in der VIP-Lounge einnahm, waren die Reihen hinter mir noch leer. Die Kapelle begann, vaterländisches Liedgut zu spielen, und zu diesen getragenen Klängen begaben sich Präsident, Kanzler und Ehrengäste auf das Podium. Dann kam Popmusikartiges, und die akademische Jugend spazierte, schlenderte, hüpfte im endlosen Gänsemarsch, angefeuert von ihren Fans, winkend und jubelnd auf ihre Plätze. Die Reihen direkt hinter mir füllten sich überwiegend mit Frauen – Studierende des *College of Education*. Hinter diesen überwiegend Männer – das *College of Management*. Der kleine Unterschied war allerdings nur aus der Nähe feststellbar, waren sie doch alle gut versteckt unter ihrer schwarzen akademischen Robe (gown) und dem viereckigen Brett auf dem Kopf mit Troddel dran, dem unsäglichen »mortarboard« (wörtlich: Mörtelbrett). Am Ende der Veranstaltung wurde ihnen durch Verkündigung des Präsidenten offiziell gestattet, den Troddel von links nach rechts (oder umgekehrt) zu schieben als Zeichen ihres neu erworbenen Graduiertenstatus.

In meiner Jugend hatte ich es immer nicht glauben wollen, daß die StudentInnen und ProfessorInnen der USA sich zu hochoffiziellen Anlässen tatsächlich so lächerlich anziehen. Über die stolz herumgezeigten Fotos amerikanischer Freundinnen mit ihrer unmöglichen Kopfbedeckung hatten wir uns immer köstlich amüsiert, was diese gar nicht verstehen konnten. Nun sah ich sie hier alle wie selbstverständlich frei herumlaufen und gewöhnte mich auch allmählich daran.

Zuletzt marschierte zu den Klängen des Triumphmarschs aus *Aida* feierlich der Lehrkörper, begeistert und rührend beklatscht von den StudentInnen, im wallenden akademischen Ornat auf das Podium – direkt mir gegenüber nahmen 18 Frauen und zwei Männer Platz. Ich konnte es nicht fassen, bin ich doch von Deutschland her an die berühmten 5 Prozent Professorinnen gewöhnt. Joey erklärte mir später: Das war das *College of Nursing* (Krankenpflege-College). Auf der anderen Seite des Podiums, dort wo Joey inmitten ihrer KollegInnen vom *College of Arts and Sciences* saß, war das Geschlechterverhältnis in etwa ausgeglichen.

Eine stattliche Alumna sang mit Inbrunst die Nationalhymne; sie hatte eine phantastische Stimme, auf die das Mikro gar nicht gefaßt war, jedenfalls klang die Hymne bös verzerrt. Die Sängerin trat einen Schritt zurück, noch einen, aber es half nur wenig. Ohne Mikro hätte sie mühelos auch die letzten Reihen erreicht.

Genau gegenteilig arbeitete das launische Mikro bei der Rede des indischen Agrarwissenschaftlers M. S. Swaminathan, eines der sechs Ehrendoktorierten (5 Männer, eine Frau). Er mußte anreden gegen ein brodelndes Gemurmel, das gut zwei Drittel seiner Rede verschluckte. Niemand unternahm etwas, die Podiumsbesatzung schaute nur sehr unglücklich drein und wurde immer unruhiger, schließlich ist die Rede das Kernstück jeder Commencement-Veranstaltung. Die Unis wetteifern, wer sich den teuersten Redner (seltener: Rednerin) leisten kann. Wenn wir bedenken, daß ein Clinton pro Rede 100.000 Dollar bekommt, können wir die Preis-Dimensionen erahnen). Ich verstand von Swaminathan nur so viel, daß er die Graduierten dringlichst ermahnte, sie sollten dafür sorgen, daß die USA den Entwicklungsländern noch ein wenig Luft, Energie und Rohstoffe übriglassen – wofür er heftig beklatscht wurde. Auch hörte ich ihn zum Schluß zweimal Rilke zitieren – allerdings nannte er ihn Maria Rainier Rilke. Da hat die Ghost-Writerin ihm aber eins ausgewischt! Wer wohl diese Maria war, mit der der feministisch aufgeklärte Inder seine Rede würzte, mögen die andern gedacht haben – falls sie ihn verstanden haben.

Trotz dieser kleinen Pannen blieb die Stimmung der

Menge entschlossen und ansteckend enthusiastisch. Diese jungen Leute hatten hart gearbeitet, um ihr Ziel zu erreichen, und nun wurden sie für ihre Anstrengungen öffentlich geehrt, mit Pomp und Circumstance. Die Verwandten und FreundInnen hatten mitgezittert, finanzielle und zeitliche Opfer gebracht und waren gekommen, um mitzufeiern und gefeiert zu werden. Ausgelassene Stimmung, manchmal fast albern, wie beim Karneval. Ja, die ganze Sache erinnerte mich durchaus an eine Karnevalssitzung, die hin und wieder – wenn oben rituelle Handlungen vollzogen oder Predigten gehalten wurden – zu einer Art Zeltgottesdienst mutierte und dann wieder zurück zum Karneval. Die akademischen Gewänder eine Art Standard-Kostümierung. Viele hatten ihr Mortarboard auch verziert, manchmal verunziert – niemand störte sich dran, vielmehr fingen die überall plazierten Videokameras besonders gern diese Veräppelungen auf und projizierten sie auf Riesenleinwände, damit alle was davon hatten (hier funktionierte die Technik prima). Der Lehrkörper Amerikanistik beispielsweise trug unter dem Mortarboard einen Strahlenkranz aus giftgrünem Schaumgummi, sie traten quasi als Freiheitsstatuen auf. Ich wähnte, dies gehöre offiziell zu ihrem akademischen Festgewand, aber es war nur Blödsinn, wurde mir erklärt.

Kurz, die ganze Veranstaltung war feierlich, ehrwürdig, ausgelassen und albern, alles zugleich. Am ehesten tatsächlich vergleichbar einer deutschen Karnevalssitzung, deren einziger Tagungsordnungspunkt – »Frohsinn« – mit deutscher Gründlichkeit abgearbeitet wird, tataaaa!

AmerikanerInnen veralbern ihre Amtsanlässe (das sollte sich bei uns mal jemand erlauben!), wir dagegen veramtlichen unsere Albernheitsanlässe. Armes Deutschland.

Die eigentliche Ehrung der 2.500 verlief als kuriose Fließbandabfertigung, die aber sehr ernst genommen wurde, und auch wieder nicht. Man hätte ihnen ja pauschal den akademischen Segen erteilen können, aber dies ist ein Volk von IndividualistInnen. Und so wurde jede und jeder der 2.500 Graduierten im Wechselgesang zweier AusruferInnen, die nach etwa 400 Namen erschöpft waren und durch noch unverbrauchte akademische WürdenträgerInnen ersetzt wurden, einzeln von links und rechts wartenden Schlangen auf das Podium gerufen, erhielt das Diplom, ein Händeschütteln der Dekanin oder des Dekans des jeweiligen Colleges (UMass besteht aus fünf verschiedenen Colleges), posierte für das Foto und fiel dann in die Arme der wartenden Verwandtschaft, die vor Stolz und Begeisterung schrie. Ein Höllenspektakel mit Musik, aber phantastisch organisiert, ja choreographiert, in 2 Stunden hatten sie es alle hinter sich.

Ich fragte Joey später, wie haben sie es denn hingekriegt, daß jede auch ihre richtige Urkunde bekam? Traten die Graduierten alphabetisch an – es kam mir nicht so vor, obwohl ich es wegen der vielen sehr fremdländischen Namen nicht beurteilen konnte. Die angloamerikanische Fraktion war hier nur eine von vielen »Minderheiten«, es überwogen asiatische, hispanische und osteuropäische Namen. Sie lächelte verschmitzt: Ja, das ist eins unserer großen organisatorischen Geheimnisse – wir arbeiten monatelang daran, daß das reibungslos klappt. Ich schaute sie erwartungsvoll an. Ach was, lachte sie, die Graduierten bekommen eine leere Diplommappe, da ist gar nix drin. Das Diplom bekommen sie dann in den nächsten Tagen zugeschickt.

Waas? Dieser ganze Rummel, Aufmarsch, Aufruf, Händedruck, Foto, Abmarsch, Familienumarmung –

für eine leere Mappe?! Ich konnte es nicht fassen. Dies Volk hat wirklich einen tiefsitzenden Sinn für Show.

In Deutschland ziehen wir – nach den hypnotisierenden Massenveranstaltungen der Nazizeit – nunmehr offenbar Nüchternheit bis zur Schmerzgrenze vor. Als ich 1972 promoviert wurde, gab es an Festveranstaltung – nichts. Ich durfte mir meine Promotionsurkunde, ausgestellt für »Fräulein Luise F. Pusch«, sieben Monate nach der Tortur in einem muffigen Büro in einer Seitenstraße abholen. Was bedeutet dem deutschen Gemüt schon leeres Gepränge!

Ich weiß nicht. So eine Karnevalsveranstaltung zum Ausgleich für den Horror an der deutschen Männer-Uni hätte ich vielleicht doch ganz nett gefunden. Aber sie bringen's natürlich nicht, damals nicht und heute auch nicht. Ist einfach nicht drin.

Juni 2007

Film und Fernsehen

Little Women

Auf meinem Flug von Boston nach Brüssel im letzten November sagte der Steward über den Bordlautsprecher, man werde den Film *Little Women* zeigen. Ich hatte die Neuverfilmung des Bestsellers von Louisa M. Alcott schon längst mal sehen wollen und freute mich. Allerdings wunderte ich mich ziemlich über diese »untypische«, »frauenfreundliche« Auswahl.

Als der Film dann anfing, dachte ich zuerst, aha, das ist so ein Vorfilm: Auf der Leinwand explodierte nämlich dauernd irgend etwas. Eine Explosion immer fürchterlicher, zerstörerischer als die andere. Zwei Cops bekämpften mit übermenschlicher Tapferkeit einen Wahnsinnigen, der mit einer Art Riesenkanone oder Spezialflammenwerfer alles um sich herum in Brand setzte. Sie bekamen ihn schließlich dadurch zu fassen, daß der eine Cop sich auszog bis auf die (sportliche!) Unterhose und dem Wahnsinnigen direkt vor das Rohr lief. Diese seine ungeschützte Nacktheit verwirrte den Allestotmacher eine Sekunde lang so sehr, daß er das Draufdrücken vergaß. Und genau in dieser Sekunde konnte der zweite Cop ihn unschädlich machen.

Was Männer sich alles so ausdenken! Auch wunderte ich mich wieder mal, daß die Fluggesellschaften während ihrer Ozeanflüge so gerne Filme mit Explosionen zeigen. Bei meinem letzten Flug war es Sylvester Stallone, der alles in die Luft jagte, um Sharon Stone zu imponieren. Wollen sie die Fluggäste schon mal einstimmen? Wollen sie uns Todesangst einjagen, damit wir dann um so dankbarer sind, wenn wir unexplodiert landen dürfen?

Jedenfalls, das war der Hauptfilm, kein Vorfilm. Wie er weiterging, weiß ich nicht; ich nahm nach dem ohren- und nervenbetäubenden Beginn die Ohrhörer ab und vertiefte mich in ein friedliches Buch über gesunde Ernährung.

Der Film hieß übrigens *Lethal Weapon* (*Tödliche Waffe*), nicht *Little Women*. Ich hatte mich bei dem Lärm in dem Flugzeug feministisch verhört.

ca. 1998

Oscar 2007

Ich war nach zwei Monaten USA wieder in Hannover gelandet und sowieso noch im Jetlag, außerdem hatte ich ein bißchen Heimweh nach der Sprache – also wurde aus dem Kurz-mal-in-den-Oscar-Reinschauen ein Aushalten bis zum Schluß.

Viel Interessantes gab es zu sehen. Die Frauen waren diesmal nicht so nackt und bloß wie in früheren Jahren, vielleicht lag es an der Vorverlegung des Spektakels in den Februar. Wer mag schon »wegen Emil seine unanständ'ge Lust«, wie Claire Waldoff singen würde, eine Lungenentzündung riskieren. Außerdem waren ja überwiegend Menschen zwischen 60 und 80 nominiert, und in diesem Alter genießen auch weibliche Hetero-Stars ein Privileg, das lesbische Stars von Männern übernommen haben: Sie müssen sich nicht öffentlich ausziehen.

Die selbstgeouteten Lesben traten in verspielten Samtanzügen auf, wie Cherubino persönlich: Ellen DeGeneres in Lila, Melissa Etheridge in Dunkelblau. Melissa dankte in ihrer Oscarrede kühn ihrer Ehefrau und ihren vier Kindern – wurde dergleichen auf dieser Bühne je gewagt? Das Publikum applaudierte herzlich.

»Das Leben der anderen« bekam den Oscar in der Sparte »fremdspachiger Film« vor dem Favoriten »Pans Labyrinth«, den eine Freundin von mir blutrünstig und sadistisch fand. Florian Henckel von Donnersmarck bedankte sich innig bei all seinen Lieben inkl. Ehefrau Christiane. Ganz besonders lobte er Ulrich (Mühe) und Sebastian (Koch) und erklärte sie für genial, worüber die sich sichtlich freuten. Martina Gedeck überging er seltsamerweise, obwohl sie erstens mindestens so genial ist wie Ulrich und Sebastian und zweitens der Film ohne sie ganz und gar in grauer DDR-Männermonotonie (Männertonie?) erstarrt und nicht auszuhalten gewesen wäre.

Den Oscar für die weibliche Hauptrolle hätte ich allen vier nominierten Schauspielerinnen gewünscht: Helen Mirren, Judi Dench, Meryl Streep und Penelope Cruz. Was für eine geballte Ladung weiblicher Ausdruckskraft! Bis auf Penelope Cruz (33) hatten alle ein stattliches Alter erreicht, was in der omafeindlichen Branche etwas heißen will: Streep 57, Dame Helen (Mirren) 61, Dame Judi (Dench) gar 72.

Womit wir bei der Conférence von Ellen DeGeneres angekommen wären. Überwiegend fand ich sie lustig und charmant frech, aber mit den Bemerkungen über Judi Dench konnte ich wenig anfangen. Zuerst sagte sie, Dame Judi könnte heute leider nicht zugegen sein, sie ließe sich die Augen machen. Etwas später korrigierte sie sich: Dame Judi ließe sich nicht die Augen machen, sondern die Titten (boobs). (Tatsächlich wurde sie am Knie operiert.) Um diesen »Witz« zu begreifen, muß man die Vorgeschichte kennen: Dame Judi sollte vor einem Jahr in »Good Morning America« auftreten. Dann überlegten die TV-Herren es sich anders. Begründung: Sie sehe zu alt aus, das könne man dem Publikum nicht zumuten. Ich vermute, daß DeGeneres – die ja weder blöd noch sexistisch und wohl auch nicht altenfeindlich ist – sich über diese Ungeheuerlichkeit lustig machen wollte. Geglückt ist es ihr allerdings nicht.

Zwei der wichtigsten Oscars gingen an Schwarze, Forest Whitaker und Jennifer Hudson – sehr erfreulich. Und wie schon die üppige Queen Latifah in ihrer Rede für Hudson bemerkte – beide SchauspielerInnen sind ein Beweis dafür, daß man nicht magersüchtig sein muß, um den Oscar zu bekommen.

Ennio Morricone fand und fand kein Ende in seiner Dankesrede, und Freund Clint Eastwood übersetzte alles liebenswürdig, geduldig und meist sogar richtig. Morricones Musik fand ich immer schon außergewöhnlich, besonders die Titelmelodie von »Spiel mir das Lied vom Tod« (C'era una volta il West). Ich hatte ihn mir viel mondäner vorgestellt – meine Klischeevorstellung von der Filmwelt wohl. Hier aber stand ein schüchterner und in sich gekehrter alter Mann und war so weltfremd, daß er in seiner klangvollen, dem Publikum leider unverständlichen Sprache gewaltig das Zeitlimit überzog. Auch er bedankte sich liebevoll, ja mit Tränen in den Augen, bei seiner Frau – die genauso unglamourös aussah wie er. Ihm glaubte ich es, es war schön und ergreifend.

So waren diesmal gleich vier diskriminierte Gruppen höchst erfolgreich, Schwarze, Lesben, Dicke und Alte. Am eindrucksvollsten vertreten war allerdings die Gruppe der Alten. Neben den bereits genannten Frauen wären da noch zu erwähnen die Cutterin Thelma Schoonmaker (67) und die folgenden Opas: Al Gore 58, Scorsese 64, O'Toole 74, Eastwood 76, Arkin 76, Morricone 79. Na ja, der Oscar selbst ist ja auch schon ziemlich alt – 79 Jahre, genau wie Morricone.

März 2007

The L-Word/Das L-Wort

Ab 30. Mai will ProSieben auch das deutsche Fernsehpublikum mit der *L-Word*-Serie beglücken, höre ich. Sie handelt von Liebeslust und -leid einer Gruppe von schicken jungen Lesben in L.A. und Hollywood. Ein paar hetero- oder bisexuell verstörte, aber ebenfalls betörend schöne junge Menschen komplettieren das Geschehen. War schon *Sex and the City* ein Superhit, wie umwerfend wird dann erst *Lesbian Sex and the City* sein, mögen die Produzenten gedacht haben. Oder sind es Produzentinnen? Egal.

Sex sells, lesbian sex natürlich erst recht, aber so direkt darf mann das noch immer nicht sagen, deshalb wurde »lesbian« als »L-Word« kodiert, Abkürzung für jenes schrecklich-schöne, unaussprechbare Wort eben, das mit »L« anfängt.

Und »Sex« konnte man sich auch sparen, denn »lesbisch« ist ja sowieso der Inbegriff von Sex, wie jedermann weiß.

Anfang der 80er Jahre kam das Buch *L. Liebe* von Sonja Lasserre im Berliner Sudelbuchverlag heraus – eine frühe, allerdings eher europäisch-morbide Vorläuferin der strikt lebensfrohen *L-Word*-Serie: Auch bei diesem Titel hatte das Wort »lesbisch« es noch nicht bis zur Deutlichkeit geschafft, sondern verharrte verschämt in der L-Andeutung.

Apropos Andeutung: Ursprünglich dachte in den USA bei »L-Word« niemand an »lesbian«, es bezog sich vielmehr auf »liberal«, die amerikanische Variante von »politisch links«. Es ist so anrüchig, links/liberal zu sein, daß man das Wort gar nicht mehr ausspricht, sondern nur noch andeutet.

So ist der Titel *The L-Word* eine Anspielung auf beides: Die MacherInnen nehmen die Makelnamen »liberal« und »lesbisch« in einem Aufwasch auf sich und kehren sie um gegen die SpießerInnen im Bushland, bekennen sich als pro-lesbisch, pro-liberal, freisinnig, modern.

So hatten Joey und ich es von jüngeren Lesben und L-Word-Fans auch vernommen, vor etwa zwei Jahren in Boston. Da unser Kabelprogramm nur mini ist (was sollen wir auch mit dem ganzen Schrott), konnten wir die Serie nicht direkt empfangen. Also haben wir uns die erste Staffel auf DVD ausgeliehen. Wir schafften aber nur die Pilotsendung, den Rest haben wir uns geschenkt.

Eindeutig war das ein Softporno. Die Handlung war nur ein Vorwand, um schöne junge Menschen im permanenten Vorspiel, Liebesspiel und gelegentlichen Liebesrausch zu zeigen. Oder ging es mehr darum, ihre hochelegante Reizwäsche (L wie Lingerie?) vorzuführen?

Nachzuempfinden sind diese unsere Eindrücke auch mittels der Webseite (www.thelwordonline.com). Die jungen Schauspielerinnen, alle irgendwie gleich aussehend, tragen alle ihre L-Uniform: schöne fließende Satinunterwäsche in dezenten Schattierungen, alles mehr oder weniger hautfarben. Die paar Männer dagegen meist im Smoking, aber das Hemd ist schon mal aufgeknöpft bis fast auf den Bauchnabel, außerdem hängt es teilweise schon aus der verrutschten Hose. Also gleich geht's weiter, signalisieren sie, gleich geht's wirklich zur Sache, nicht weggehen, nicht rumzappen hier!

Wir hatten die DVD wieder entsorgt, da ereilte uns *The L-Word* noch einmal, diesmal auf fünf oder noch mehr DVDs. Joeys Schwester hatte sie von ihrem Trip nach Asien mitgebracht. In Singapur oder Hongkong hatte sie Hunderte von DVDs eingekauft, Raubkopien für einen Dollar pro Stück. Ein unwiderstehlicher Preis. Und wir hatten nun sämtliche Folgen von *The L-Word* als Mitbringsel abbekommen. Susie ist zwar selbst stockhetero, aber sehr »supportive«, unterstützend. Sie nimmt ihre L-Schwester samt ihrer deutschen L-Schwägerin ganz locker, das konnte sie mit diesem massiven L-Geschenk auch mal wieder unter Beweis stellen.

Das einzige, was wir behalten hatten vom Erstkontakt mit der Serie war eben ihr Softporno-Charakter. Das sagten wir aber Susie natürlich nicht, sondern bedankten uns begeistert und versprachen, uns alles bald reinzuziehen und Bericht zu erstatten. Um nun unserem Versprechen nachzukommen, schauten wir uns die Pilotsendung noch einmal an. Sie wurde beim zweiten Mal nicht besser. Ich zog mich nach einer halben Stunde zurück, um weiter an meinem neuen L-Buch *Die Venus wird immer dicker* zu arbeiten. Darin geht es um das aufregende Leben von Lesben ab 60. Sex und andere Leibesübungen kommen auch vor, immerhin geht es um die ewige Frage »Wie hält frau sich selbst bei Laune?«. Aber die Unterwäsche ist klassische Baumwolle im fröhlichen Blümchenmuster aus der Fünferpackung von Woolworth.

Nach zwei Stunden emsigen L-Dichtens schaute ich nach meiner L-Gefährtin, die vor dem Fernseher eingeschlafen war. Auf dem Bildschirm kopulierten wieder zwei sehr schicke, hauchdünne Lesben, wild und sinnlich.

Joey sah auch sehr sinnlich aus mit ihren rosigen Bäckchen. Aber statt mich nun gleich gierig auf sie zu stürzen, ließ ich sie schlummern und nahm nach Retro-Lesbenart ein gutes Buch zur Hand, vielleicht die L-iebesbriefe zwischen Rachel Carson und Dorothy Freeman aus den prüden 50er Jahren. Über ihre Unterwäsche verlieren sie kein einziges Wort, auch treten sie nur im korrekten Schneiderkostüm auf. Trotzdem: Sehr anregend.

Mai 2006

Frauenbewegung

FC Köln in der Aufzugin

Heute möchte ich mich mit zwei Wortspielen beschäftigen, die von Frauen *gegen* Frauen, insbesondere gegen Feministinnen, eingesetzt wurden. Ich hätte dafür auch die Überschrift »Fidel Castra der Frauenbewegung?« wählen können, aber obwohl ich darüber gleich mehr sagen möchte, werde ich dieses perfide Wortspiel nicht mehr benutzen, sondern statt dessen von *FC* sprechen. Denn es ist typisch für die Verleumdung mittels einer fiesen Bezeichnung, daß frau sich dagegen nicht wehren kann, weil bei der Gegenwehr normalerweise das beanstandete Wort benutzt werden muß. Und jede Erwähnung erhöht nur seine Wirksamkeit und Verbreitung, verankert es tiefer in der »public imagination«.

»FC« wurde anscheinend erfunden von der *taz*-Redakteurin Ines Kappert, die ihren Artikel über Alice Schwarzer und die plötzliche Entlassung der neuen *Emma*-Chefredakteurin Lisa Ortgies mit »FC der Frauenbewegung« betitelte (5.6.08). Am 10.6. trat Cathrin Kahlweit von der *Süddeutschen* nach. Das neue Schmähwort findet sie »hübsch« und fragt »Klebt sie an der Macht? Die rätselhafte Selbstdemontage der … Alice Schwarzer«.

Nun hat ja Fidel Castro die Macht gerade an seinen Bruder Raúl abgegeben, außerdem kleben ja die meisten Politiker an der Macht. Warum wurde dann, zum Beispiel, nicht *Berluscona* als Schimpfwort kreiert? Weil Berlusconi noch kein Tattergreis ist und »FC« u. a. auch die Assoziation »Alte haben sich überlebt und gehören entsorgt« aktivieren soll.

Noch gemeiner ist die genüßliche Anspielung an »kastrierend«. Ein Vorwurf, der bisher noch jeder Feministin gemacht wurde, also jeder Frau, die sich nicht als Fußabtreter benutzen lassen will, um eine schöne Definition von Rebecca West zu zitieren.

Cathrin Kahlweit zitiert dann »einen Eintrag auf der Webseite der Alphamädchen, die sich ›Mädchenmannschaft‹ nennt«, in dem »die FC der Frauenbewegung«

> sich selber in die Bedeutungslosigkeit [versenkt]. … Ich seh sie schon in ihrem Turm mit dem Aufzug (der Aufzugin?!) ganz nach unten fahren. Und ihr schwarzes Gewand wird eins mit der dunklen Tiefe des Rheins.

Ich habe dies Zitat, das Alice Schwarzer zum x-ten Mal als Hexe denunziert und verzückt ihre Vernichtung phantasiert, auf der *Mädchenmannschaft*-Webseite nicht finden können – ob Cathrin Kahlweit sich das ausgedacht hat?

Jedenfalls – um schleunigst zum Schluß und aus diesem Sumpf herauszukommen: Das Wort »Aufzugin« habe ich in Kahlweits Artikel zum ersten Mal gesehen – es wird aber als gängiger Sprachgebrauch der offenbar völlig durchgedrehten Feministinnen hingestellt.

Zugegeben, wir umgeben uns gerne mit feminisiertem Alltagsgerät, etwa der *Anrufbeantworterin* oder der *Compute* bzw. *Pute*. Aber statt des Aufzugs benutzen wir schon lange die Treppe, aus vielen, nicht nur feministischen Gründen.

Juli 2008

Iris von Roten, ihrer Zeit um Jahrzehnte voraus

Am 17./18. Oktober gibt es in Basel eine Veranstaltung zu Ehren von Iris von Roten, der großen feministischen Theoretikerin aus der Schweiz. Titel der Tagung: »Offene Worte: Zur Aktualität von Iris von Rotens *Frauen im Laufgitter*«.

Ein guter Titel! Noch besser hätte ich eine lapidare Kurzfassung gefunden: »Zur Aktualität von Iris von Roten«. Ich freue mich, daß es diese Tagung geben wird, und wünsche ihr breite Resonanz. Gern würde ich teilnehmen, aber ich erfuhr zu spät davon und bin zu der Zeit mit Freundinnen per Donaudampferin unterwegs.

Was ich selbst von Iris von Roten halte, habe ich in ihrer FemBiographie (www.fembio.org) so ausgedrückt:

> Iris von Rotens *Frauen im Laufgitter* (1958) ist das deutschsprachige »missing link« zwischen Simone de Beauvoirs *Le deuxième sexe* (*Das andere Geschlecht*) (1949) und Betty Friedans *The feminine mystique* (*Der Weiblichkeitswahn*) (1963). Ging Beauvoir der Unterdrückung der Frau philosophisch auf den Grund und Friedan soziologisch, so lieferte von Roten die wirtschaftliche und juristische Analyse der Besitz- und Rechtlosigkeit der Frau. Die Schweizerin Iris von Roten war nicht nur eine begnadete und gnadenlose Analytikerin, sondern – anders als die Französin und die US-Amerikanerin – noch dazu außerordentlich witzig, darin ihrer Vorgängerin Hedwig Dohm ebenbürtig.

Auf dem Flyer zur Tagung heißt es:

> Im Herbst 2008 jährt sich das Erscheinen von Iris von Rotens Buch *Frauen im Laufgitter* zum 50. Mal. 1958

lösten die offenen Worte zur Stellung der Frau eine riesige öffentliche Polemik aus. Die Kritik zielte dabei mehr auf die Person der Autorin denn auf das unbequeme Bild, das diese von den Problemen des weiblichen Lebens zeichnete. So verfehlte das Werk seine Wirkung. Es kam buchstäblich zu früh. Seither ist *Frauen im Laufgitter* zum Bestseller geworden. Eine umfassende Beschäftigung mit den Analysen von Iris von Roten ist bisher jedoch ausgeblieben. Die Veranstaltung fragt nun nach der Aktualität des Buchs und stellt es in seinen historischen Kontext.

»Sie kam zu früh« – zitiert den Titel der von-Roten-Biographie von Yvonne D. Köchli *Eine Frau kommt zu früh: Das Leben der Iris von Roten* (1992).

Es mag ja stimmen, daß Roten zu früh kam, aber der Titel ist fatal. Für Männer lautet die entsprechende Formulierung: »Er war/eilte seiner Zeit voraus«, gerne auch »Er war ein Visionär«, routinemäßig erweitert zu »genialer Visionär«.

Im Internet findet sich die Formulierung »er kam zu früh« recht oft. Sie bezieht sich gewöhnlich auf verfrühtes Ejakulieren. Außerdem wird »kam zu früh« auch für Frühgeburten gebraucht. Und wenn der Besuch »zu früh kommt«, so ist das eine ziemliche Zumutung, da wir meist mit den Vorbereitungen noch nicht fertig sind.

Jedenfalls ist »zu früh kommen« tadelns- oder bedauernswert, und »ihrer Zeit voraus« oder »Visionärin« wäre dem Genie der lange verkannten und vergessenen Autorin eher angemessen.

So aber wird Iris von Roten selbst »im Laufgitter« gehalten, wobei auch das Laufgitter ein zwar eindringliches, aber nur für SchweizerInnen unmittelbar verständliches Bild ist. Ich wußte, als ich den Titel hörte, buchstäblich nicht, was er bedeuten soll, dachte z.B. automatisch an Celans *Sprachgitter* (dessen Bedeutung ich auch nur vage erahnte).

Als Deutsche kenne ich nur das Wort »Laufställchen«, engl. *playpen*. Das Ställchen, wiewohl praktisch für überforderte Erziehungspersonen, ist durch den Trend zur antiautoritären Erziehung auch noch komplett aus der Mode gekommen, ja es ist verschrien.

Die Tagung wird eröffnet mit einem »Round Table zum Schreiben von Iris von Roten«. Wäre ein »Round Table zum Schreiben von Friedrich Nietzsche« denkbar? Wohl kaum. Es würde eher heißen »Zum Denken von Nietzsche« oder »zur Philosophie/zum Werk Nietzsches«. »Schreibende Männer« gibt es im Gegensatz zu den »schreibenden Frauen« auch kaum. Sie laufen gewöhnlich unter der Bezeichnung »Schriftsteller«.

Die Tagungspunkte zwei und drei lauten wie folgt:

- »Provoziert *Frauen im Laufgitter* heute noch zum Denken?«
- »Provoziert *Frauen im Laufgitter* heute noch zum Handeln?«

Auch diese zaghaften Fragen verkleinern die Bedeutung Iris von Rotens. Angemessen hätte ich etwa gefunden:

> »*Frauen im Laufgitter* heute: Eine Aufforderung zum Denken und Handeln«.

Den Ausklang bildet ein »Erzählcafé zum Leben und Wirken von Iris und Peter von Roten in Basel«.

Ich habe gar nichts gegen Cafés oder gegen das Erzählen, und so ein gemütlicher Ausgang einer Tagung ist immer eine gute Idee. Aber im Kontext der anderen Formulierungen finde ich auch das »Erzählcafé« zu niedlich, zu gemütlich. Iris von Roten wird eingemeindet und auf unser Normalmaß geschrumpft. Sie war aber anders als wir. Sie war eine kühne Visionärin und ihrer Zeit um Jahrzehnte voraus.

August 2008

Haarig

Männer mit Damenbart und fläumige Frauen

Antje-Katrin Kühnemann muß frau gesehen haben – die Moderatorin der »Sprechstunde« im Bayerischen Fernsehen ist nicht nur sehr beschlagen, sondern auch noch komisch. Seit Jahrzehnten steht sie unverrückbar auf der Seite der ZuschauerInnen, denen sie partout die neuste und beste Information zukommen lassen will, und wenn die von ihr vorgeladenen Experten darüber den Verstand verlieren! Da Frau Antjes Interviewpartner meistens Chefärzte sind, ist es nicht ohne Reiz, zu verfolgen, wie Frau Doktor sie streng, aber freundlich abfragt und ihre Prüflinge artig Rede und Antwort stehen. Wenn die Herren Experten die erwünschte Antwort nicht gleich bringen, hilft sie mit Stichworten nach, denn daß sie schon alles weiß, was sie da abfragt – darüber läßt sie uns nie im Zweifel.

Neulich gab es wieder ein medizinisches Allerlei bei *Frau Doktor*, eine sogenannte Magazinsendung. U.a. wurde auch unerwünschte Körperbehaarung abgehandelt.

Drei kostspielige, teils auch langwierige und schmerzhafte Methoden zur Entfernung der unerwünschten Behaarung wurden vorgeführt, und Frau Antje schloß mit dem nützlichen Rat: »Wer sehr leidet – wie das bei einem Damenbart der Fall sein kann – der sollte mit seinem Arzt sprechen, und dann kann der verordnen, und dann zahlen auch die Kassen.«

Gibt es denn auch Männer mit Damenbart? Ich war schon fast eingeschlafen, aber Kühnemanns seltsame

Wortwahl weckte mich wieder auf – Berufsrisiko einer feministischen Linguistin.

»Die Menstruation ist bei jedem ein bißchen anders« – so stand es früher auf Tampon-Beipackzetteln, auch werden wir oft beim Frauenarzt, ja sogar bei der Frauenärztin mit »der Nächste bitte« aufgerufen, aber daß hier einer mit seinem Arzt sprechen soll, wenn er unter seinem Damenbart leidet, finde ich irgendwie noch abgedrehter.

Ich begann dann über das seltsame Wort »Damenbart« nachzudenken. Eine Freundin schrieb mir neulich zu meiner Glosse »Damen auf der *documenta*« (vgl. *Die Eier des Staatsoberhaupts*, S. 82-85), weshalb sogar ich nun von »Damen« statt »Frauen« spräche. Ich schrieb ihr, ich hätte es nur wegen der Alliteration getan und es solle nicht wieder vorkommen. Und nun dieser »Damenbart« – aber ich habe das Wort nicht erfunden, Gertrud.

Die altägyptische Königin Hatschepsut, von der neulich überall die Rede war, wäre für einen »Damenbart« wahrscheinlich dankbar gewesen. Da er ihr nicht beschieden war, mußte sie sich einen ankleben; sie trug einen sog. »Zeremonialbart«, um ihre Würde als Pharao zu betonen.

Frau Antje selbst sieht so aus, als würde sie alles tun, um der Welt das Aussehen zu bieten, das gerade gefragt ist: hauchdünn und faltenfrei. Sonst hätte sie ja vielleicht auch raten können: »Wer sagt denn, daß eine Frau keinen Bart haben darf? Oder sonstige Körperbehaarung, oder eine Glatze? Mutter Natur ist einfalls- und abwechslungsreich; wir sollten ihr nicht immer ins Handwerk pfuschen, schon gar nicht, wenn das weh tut und kostet.«

So ähnlich dachte wohl auch Frida Kahlo. Über sie lese ich bei Wikipedia:

> Die mexikanische Malerin Frida Kahlo hat ihren »kleinen Bart« bei Selbstporträts stets mitgezeichnet, was als Zeichen verstanden werden kann, dass ein Oberlippenflaum gerade bei dunkelhaarigen Frauen alles andere als ein Makel ist, sondern im Gegenteil sogar zur Schönheit der Person beitragen kann. Fläumige Frauen werden von vielen Männern als besonders »rassig« geschätzt.

Was Wikipedia nicht verrät: Frida wurde auch von Frauen sehr geschätzt, und umgekehrt. Vielleicht nicht so sehr, weil sie »rassig« oder »fläumig« war, sondern einfach liebenswert.

August 2007

Der Bikinibereich

Neulich habe ich wieder ein neues Wort gelernt. Ich war in die Wiederholung der Sendung *Quivive* vom 21. März geraten. »Der Wetterfrosch hat 20 Grad prophezeit«, verkündete die Moderatorin strahlend, »die erste Gelegenheit also, wieder Bein zu zeigen. Und höchste Zeit, lästige Haare loszuwerden. Wobei die Haare nicht immer unters Messer müssen. Es gibt zahlreiche Methoden, den Wildwuchs zu bändigen.« Nach der Warnung »Es wird haarig!« wurde gleich Trost gespendet: »Gegen unerwünschte Körperhaare gibt es viele Waffen: Rasierapparat, Enthaarungscreme, Epilierer oder Wachs.«

Ich hatte bis dahin gedacht, *Quivive* sei eine Gesundheitssendung. Hier aber wurde gesunden Frauen (Männer kennen wohl keinen lästigen, sondern nur fehlenden

Haarwuchs) mit einem aufmunternden Lächeln nahegelegt, für teures Geld ihre Gesundheit zu gefährden, unter Schmerzen und mit erheblichem Zeitaufwand. Kein Wort davon, daß frau das auch lassen könnte oder lassen sollte. Ein freundlich lächelnder Experte für Lasermedizin erklärte, die »extreme Behaarung im Bikinibereich« ließe sich mit dem Laser relativ gut entfernen, von den Unterarmen sollte man besser die Finger lassen. Es wurde übrigens immer *man* gesagt, obwohl nur *frau* gemeint war.

Bikinibereich sagte er also mit der Routiniertheit des Fachmanns, der schon viele solche Bereiche »von der Extrembehaarung befreit hat«. Ich kannte bis dahin nur Wörter wie *Intimregion* oder *Schamgegend* – neuerdings sind ja auch die »Feuchtgebiete« sehr beliebt. Die Ausdrücke beziehen sich allerdings auch auf männliche »Gegenden« dieser Art. Und Männer dürfen ja ihre Extrembehaarung, sei es das »Schamhaar« oder sonstwelcher Pelz, in der Regel behalten.

Aus dieser Begriffsnot hilft nun der *Bikinibereich*. Er ist eindeutig weiblich; Männer tragen keine Bikinis, sie haben obenrum nichts vorzuweisen und daher auch nichts schamhaft zu verbergen. Das wirft nebenbei die Frage auf: Warum werden kleine Mädchen ab zwei Jahren in den Bikini gesteckt? Gibt es da was zu verbergen? Oder soll dem Kinderschänder Appetit gemacht werden?

Gestern fragte ich Joeys Schwester Christie, ob sie das Wort *Bikinibereich* (*bikini zone*) schon mal gehört hätte. Sie verneinte, wußte aber sofort, was gemeint war, weil sie das Wort *bikini wax* kannte. Auch diese Neuschöpfung war mir bis dahin entgangen, obwohl Google dafür über 2 Millionen Belege aufführt.

Ich fragte weiter, was sie von dem Bikini für kleine Mädchen hielte. Als ich Mitte der 80er Jahre zum ersten

Mal in die USA kam, sah ich auch zum erstenmal Kleinkinder in Bikinis und war sehr erstaunt darüber, genau wie über das rituelle Rasieren der Beine mit dem zierlichen rosa Ladyshaver. Beides gab es damals in der rückständigen BRD noch nicht.

Christie hielt nichts von Bikinis für Babys und von Ladyshavers, meinte aber zu Recht: »Die eigentliche Frage ist doch, warum alte Frauen *keinen* Bikini tragen.«

Damit ist sie meinen Überlegungen zum Thema so weit voraus, daß ich erst mal verschnaufen muß.

Juli 2008

Kunst und Kultur

Jürgen Flimm über erwachsene Knaben, die Leute und ihre Mädels

Gestern wurde der Regisseur Jürgen Flimm im Deutschland-Radio zur Fußball-WM und zu seiner neuen *Lucio-Silla*-Inszenierung für Venedig und Salzburg befragt. Mozart komponierte die Oper mit 16 Jahren. Ob das dann ein Kinder- oder Jugendwerk sei, wollte der Interviewer wissen und bekam zur Antwort, nein nein, das sei schon sehr erwachsene Musik. Wer wird auch eine Oper, die er grade inszeniert, als kindisch abtun!

Zum Fußball meinte Flimm, Argentinien käme ins Finale, Deutschland wohl eher nicht. Und was er denn von diesem allgemeinen Fahnengeschwinge halte, diesem heiteren neuen deutschen Nationalstolz? Der sei doch gar nicht neu, meinte er, und außerdem auch nichts Besonderes, schon gar nicht etwa besorgniserregend. Das sei einfach eine riesige Party, ganz wunderbar. Die Menschen hätten eben so ihre Grundbedürfnisse, dazu gehöre neben dem Essen auch das Feiern.

Die Leute hätten schon immer für ihre Helden lautstark geschwärmt. Damals hießen sie Fritz Walter, Uwe Seeler und Franz Beckenbauer, heute eben Michael Ballack und Miroslav Klose. Alles gar nicht neu. Die Leute wären schon immer laut hupend und fahnenschwingend durch ihre Städte gefahren und hätten auf den Dächern gefeiert, mit ihren Mädels.

Anscheinend zählt Jürgen Flimm »Mädels« (gemeint sind hoffentlich junge Frauen) nicht zu den Leuten.

Sie sind für ihn mehr so eine Art Zubehör, das zum Feiern einfach dazugehört. Mann hat da eben so seine Grundbedürfnisse. Außer Bier braucht es auch noch Mädels.

Juni 2006

Kultur am Sonntagmorgen

Der letzte Septembertag, ein Sonntag, war trübe und regnerisch. Zum Glück gab es schon ab morgens viel im TV zu schauen. Zuerst auf 3sat die »Sternstunde Philosophie« mit Isabel Allende. Im Werk der chilenischen Schriftstellerin stehen starke Frauen im Mittelpunkt. Jüngster Beweis: ihr historischer Roman *Inés meines Herzens* über Inés de Suárez, eine der wenigen spanischen Konquistadorinnen, die zur »Mutter Chiles« wurde. Die Nichte des ermordeten chilenischen Staatspräsidenten Salvador Allende engagiert sich außerdem leidenschaftlich für Politik und die Demokratie.

Ihr Gesprächspartner in dieser »Sternstunde« war Norbert Bischofberger. Er fragte sie u. a.: »García Márquez – ein Freund von Fidel Castro, Mario Vargas Llosa war sogar Präsidentschaftskandidat, Pablo Neruda hat sich auch einmal zur Verfügung gestellt als Kandidat, es kam dann nicht soweit – würden Sie auch so weit gehen?«

Nicht eingefallen war dem Interviewer Allendes Landsfrau, die chilenische Dichterin, Diplomatin und Nobelpreisträgerin Gabriela Mistral (1889-1957) – für die frauenbewußte Allende doch der viel naheliegendere Vergleich, zumal Mistral auch wie Allende in den USA lebte.

Aber dem Interviewer lagen die Machos eben näher, er erwähnte sie in dem Interview gern und oft, Allendes große Vorgängerin hingegen kein einziges Mal.

Allendes Antwort war leider auch nicht geeignet, mich froher zu stimmen: »Nein. Ich bin kein ›politisches Tier‹ (animal politico). Ich habe nicht die Feinheit, die Subtilität und auch nicht die Kenntnisse, um mich mit der Politik zu beschäftigen. Was ich mache, ist die Literatur, und das mache ich auch lieber.«

Das sah die große amerikanische Bürgerrechtskämpferin Fannie Lou Hamer (1917-77) zum Glück völlig anders: Sie fand heraus, daß »Professionalität« bei einer Führungspersönlichkeit weder notwendig noch immer sehr effektiv ist, und betonte, daß jede und jeder zur Bewegung beitragen könnte, unabhängig von Herkunft und Bildung.

Weiter mit dem Morgenprogramm. Ab 11 Uhr brachte der BR, live aus der Oper Nürnberg, den Festakt zur Verleihung des 7. Internationalen Menschenrechtspreises an Eugénie Musayidire aus Ruanda.

Wunderbar, ich freute mich, daß auch mal eine Frau einen Preis kriegte und anderthalb Stunden lang geehrt wurde. Doch was las ich dazu in meiner *Hörzu*:

> Geehrt wird Eugénie Musayidire aus Ruanda wegen seines Einsatzes für die Aussöhnung verfeindeter Volksstämme in seiner Heimat.

Komisch, Eugénie ist doch ein Frauenname, wir kennen doch alle Eugénie, die Kaiserin der Franzosen (und späteren Kolonialherren Ruandas).

Da der Nachname Musayidire für unsere Ohren recht fremd klingt, dachte ich mir als nächstes, vielleicht heißen ja in Ruanda auch Männer Eugénie zu Ehren der Kaiserin, ich kenne mich da nicht so aus. Ich kam nicht sogleich auf die nächstliegende Idee, daß die *Hörzu*, genau wie Herr Bischofberger, halt nur Männer im Kopf hat, wenn es um Kultur oder Preise geht. Daß der »Mann« Eugénie heißt, spielt keine Rolle und kann diese Überzeugung nicht ins Wanken bringen.

Erst als ich zu Eugénie Musayidire googelte, fand ich heraus, daß sie eine Frau und Menschenrechtskämpferin ist. In der Sendung des BR konnte ich es dann auch sehen. Was ich außerdem miterleben durfte, war eine Phalanx von fünf männlichen Festrednern, die sich schön in Szene setzen konnten, angefangen von Nürnbergs Oberbürgermeister über den designierten bayrischen Ministerpräsidenten Beckstein bis zum UN-Sonderberichterstatter Doudou Diène, der die Laudatio hielt. Er verwies zu Recht auf Diversity, Vielfalt, und die Organisatoren hatten mit ihm der ansonsten reinweißen Mannschaft auch einen Schwarzen hinzugefügt – aber auf eine Frau wartete frau vergebens. Allerdings waren tüchtige Frauen aus dem Off zu vernehmen: Die englischen und französischen Reden einschließlich der ergreifenden Dankesrede von Eugénie Musayidire wurden von Simultandolmetscherinnen mit angenehmen Stimmen verdeutscht.

Nürnberg verleiht den Menschenrechtspreis auch, um aktiv seiner Nazi-Vergangenheit etwas entgegenzusetzen, betonten die Redner immer wieder.

Das ist schön. Aber bis sie nicht einsehen, daß diese Vergangenheit – genauso wie die Völkermorde in Ruanda und überall sonst – sehr viel mit Männern zu tun haben, solange sie diese Tradition der totalen Männlichkeit an der Spitze bewußtlos weiterführen und nicht auch dagegen aktive Zeichen setzen – haben sie noch nicht viel kapiert.

Die Kultur kann mich mal.

Jetzt schaue ich mir die Fußballweltmeisterschaft an, Endspiel in China. Deutschland gegen Brasilien, die Traumkombination. Und dann noch alles Frauen!

Nachtrag nach dem Endspiel: Die Siegerinnen-Ehrung war eine Kopie der Ehrung von Eugénie Musayidire. Lauter männliche Würdenträger ehrten gerührte Sportlerinnen. Hinter der Männerriege im dunklen Einheitsanzug eine Reihe von luftig in Pastell gekleideten Frauen, sie durften wohl die Kissen mit den Medaillen präsentieren.

Nachtrag am 14. Dezember 2007: BR-alpha sendete in diesen Tagen in der Reihe Alpha-Forum ein Gespräch mit Eugénie Musayidire. Angekündigt wurde es auf der Webseite von Save-TV wie folgt: »Thomas Rex im Gespräch mit Eugène Musayidire (Menschenrechtspreisträgerin)«. Das Geschlecht ist schon mal richtig – irgendwann wird es auch noch mit dem entsprechenden Vornamen klappen.

September 2007

»Mehr Stolz, ihr Frauen!« (Hedwig Dohm)

Neulich schlenderte ich durch die Lister Meile, Hannovers Fußgängerinnenzone hinter dem Bahnhof. Im Vorbeigehen las ich die Titel zweier großer Bücher im Schaukasten einer Buchhandlung: *50 Klassiker: Film* und *50 Klassiker: Frauen*.

Ich ging weiter, blieb aber dann abrupt stehen. Hatte ich richtig gelesen?

Ich kehrte zurück. Ja tatsächlich. Es handelte sich anscheinend um eine ganze Serie mit dem Titel *50 Klassiker*. Untertitel nannten die jeweiligen Gebiete: Film, Oper, Skulptur, Architektur, Romane. Es gab auch *Pho-*

tographen, *Philosophen*, *Deutsche Schriftsteller*, *Heilige und Naturwissenschaftler*. *Künstlerinnen* gab es auch. Und – *Frauen*.

»Die Frau ist ein Gegenstand unter anderen in seinem Kulturbeutel«, schrieb ich schon vor 20 Jahren zu solchen Arrangements.

Als ich einer Freundin von meiner Beobachtung erzählte, fragte sie mich, weshalb ich mich denn eigentlich aufregte. Die Leistungen von Frauen bekannt zu machen und zu würdigen, sei doch sehr löblich. Ich selbst täte doch seit Jahrzehnten nichts anderes.

»Genau«, sagte ich. »Aber was der Gerstenberg-Verlag da macht, diese massive Reihe *50 Klassiker*, und irgendwann am Schluß werden dann noch die Frauen nachgereicht, unmöglich!«

»Offenbar ist es doch möglich und verkauft sich bestimmt auch noch bestens«, sagte meine Freundin trokken.

Das Problem der »Frauen-Ecke« beschäftigt uns ja seit Beginn der Neuen Frauenbewegung. Brauchen Frauen eine Spezialbehandlung, oder wäre konsequentes »Gender-Mainstreaming« wie jüngst auf der *documenta* die richtige Lösung? (Vgl. *Die Eier des Staatsoberhaupts*, S. 82-85.) Ich neige zu letzterem, aber die Verhältnisse, sie sind nicht so. Als Vorstufe brauchen wir schon die Frauen-Ecke – aber nicht jede!

Vor zwei Wochen schrieb mir meine Freundin Eva Rieger: »Ich bin gebeten worden, ein Komponistinnenlexikon herauszugeben, nun frage ich herum und höre von einigen Komponistinnen, daß sie gar nicht mehr getrennt aufgeführt werden wollen. Wie siehst Du das? Sie sind mit einer getrennten Aufführung natürlich immer wieder das Andere, das Nicht-zum-Eigentlichen-Zugehörige, sonst wäre es ja nicht nötig, sie aufzuführen, und gerade diejenigen, die Karriere gemacht haben, möchten das nicht sein. Es ist schon verzwickt derzeit.«

Ich schrieb Eva dazu: »Ich würde sagen, die Komponistinnen gehören in beide Lexika, das allgemeine *und* das spezielle. Schließlich haben Frauen Jahrhunderte an Vernachlässigung aufzuholen und können gar nicht präsent genug sein.«

So dachten wohl auch die Verantwortlichen des Harenberg- und des Beck-Verlags. Sie brachten je einen Band über berühmte Persönlichkeiten und einen über berühmte Frauen heraus. So ist's recht!

Es kommt immer auf den Kontext an, wie bei dem Scherflein der armen Witwe. Wenn ein Billionär für Hilfsbedürftige nur ein Scherflein übrighat, ist das eine Beleidigung und sollte zurückgewiesen werden. Wenn eine arme Witwe dieselbe Summe opfert, ist es eine gute Tat.

Die Benachteiligten selber werden meist sagen, ist mir doch egal, woher das Geld kommt, ich kann es auf jeden Fall gebrauchen und werde auch das Scherflein des Billionärs nicht ablehnen. Stolz kann ich mir einfach nicht leisten.

Wir Frauen entscheiden derzeit, während alles noch so »verzwickt« – d.h. von gerechten Zuständen Lichtjahre entfernt – ist, am besten von Fall zu Fall, ob wir uns Stolz leisten wollen oder nicht. Gerstenbergs *50 Klassiker: Frauen* jedenfalls werde ich mir erst dann anschauen, wenn sie mit dem Pendant – *50 Klassikerinnen: Männer* – herausgerückt sind. Den Platz in unserem Kulturbeutel haben Männer sich doch redlich verdient. Gute Vorbilder sind die alten Bände aus den 20er Jahren, die von verschiedenen Verlagen (Lux, Löwith, Kaiser) seit den 50er Jahren nachgedruckt und billigst angeboten werden: *Große Frauen/Männer der Weltgeschichte: Tausend Biographien in Wort und Bild* oder die Reihe aus dem Tauchaer Verlag: von *Thüringens/Sachsen-Anhalts berühmte Frauen/Männer* bis zu *Sachsen-Anhalts böse Weiber/Kerle*.

Oktober 2007

Papst sind wir nicht – wir sind Impressionistin

Gestern wurde die Impressionistinnen-Ausstellung der Schirn-Kunsthalle in Frankfurt eröffnet. Ihr braucht jetzt nicht gleich alle hinzurennen, sie läuft noch bis Anfang Juni.

Wenn frau nach »Impressionistinnen« googelt, fragt Google vorsichtshalber: »Did you mean: *Impressionisten*« – zeigt dann aber doch das Gewünschte.

In der *Hannoverschen Zeitung* (*HAZ*) von heute berichtet Johanna di Blasi in dem Artikel »Der Impressionismus ist feminin« über die »große und großartige Ausstellung«. »Ohne feministisches Eiferertum« werde da das gängige Impressionismusbild »anhand von rund 150 hochkarätigen Ölbildern und Pastellen aus bedeutenden Museen« korrigiert und ergänzt.

Ich frage mich, während ich den Artikel lese, was die Autorin wohl mit dem »feministischen Eiferertum« meint. Vielleicht Äußerungen wie diese: »Ich glaube nicht, daß es jemals einen Mann gegeben hat, der eine Frau als absolut gleichgestellt behandelt hat und das war alles, was ich je verlangt habe – denn ich weiß, ich bin genauso gut wie die Männer.«

1890, als die Impressionistin Berthe Morisot sich dergestalt erdreistete und ereiferte, gab es den Feminismus noch gar nicht richtig. Und wenn doch – Feministin war sie bestimmt keine, und Eiferertum kommt ja auch in der Ausstellung nicht vor.

Dergleichen kann also nicht gemeint sein.

Auf die Frage, wieso Morisot »später derart in Vergessenheit« geriet, antwortet die Kuratorin Ingrid Pfeiffer, »die nachfolgende Kritikergeneration sei schuld daran ... Gestalten wie der ›Kunsthistorikerpapst‹ Julius Meier-Graefe hätten einen von Frauen bereinigten Kanon aufgestellt, der das Bild des Impressionismus bis heute bestimme.« Und di Blasi fährt fort: »Die in den USA heute als Star angesehene Mary Cassatt (1844-1926), eine von etwa tausend damals in Paris malenden Amerikanerinnen, hat Meier-Graefe in seinen Überblicksdarstellungen ebenfalls unterschlagen.«

Auch diese für das männliche Kultur-Establishment doch peinlichen Enthüllungen über fiese Unterschlagungen und bedenkliche »Bereinigungen« sind wohl kein »feministisches Eiferertum«, denn die Impressionistinnen-Ausstellung und di Blasi sind ja lobenswerterweise frei davon.

Über Marie Bracquemond, eine der vier ausgestellten Impressionistinnen, erfahre ich auf der Webseite der Ausstellung: »Marie hört auf Drängen ihres Ehemannes Felix Bracquemond nach und nach auf, zu malen. 1916 stirbt Marie zurückgezogen am 17. Januar in Sèvres.« Mit anderen Worten: Das letzte Drittel ihres Lebens durfte die einst so erfolgreiche Malerin nicht mehr malen, weil ihr Mann es so wollte.

Also das ist doch wohl das Allerletzte, so möchte frau sich echauffieren angesichts all dieser Zumutungen, mit denen die Impressionistinnen zu kämpfen hatten und mit denen die Ausstellung uns konfrontiert. Und angesichts der Zumutung für uns Kunstfreundinnen, denen ein Verdikt von Papst Julius (Meier-Graefe) eine frohgemute Identifikation mit den großen Impressionistinnen bis heute versaut, pardon: verebert hat.

Hat sich da in den letzten Absatz vielleicht feministisches Eifererturn eingeschlichen? Kann nicht sein, ich bin doch kein Eiferer. Eiferin? – schon eher. Was bleibt uns auch übrig angesichts all der päpstlichen Unfehlbarkeit.

Februar 2008

Die Frau als Nacktschnecke

Freitagabend, *heute*-Nachrichten, ein Bericht zur Eröffnung der Ausstellung *Der verbotene Blick auf die Nacktheit* im Düsseldorfer Museum Kunst Palast. Zahlreiche Bilder von nackten Frauen ziehen vorüber, dazu sagt ein Sprecher:

> Es ist die Lust, zu schauen und zu spannen. Der ehemalige Klosterschüler Beat Wismer hat endlich seinen Traum realisiert. Eine Kunstschau über die Nacktheit, Betrachtungen von Künstlern von der Antike bis zur Gegenwart, alle zusammen in einer Ausstellung – eine provokante Mischung, die zu Diskussionen führen wird.
>
> … Und so hängen Bilder von Brueghel, Rembrandt, Cranach und Cézanne neben modernen Fotografien. Der Grat zwischen Kunst und Pornografie ist schmal; viele Bilder sind so extrem, daß wir sie hier nicht zeigen wollen.

Wismer, grinsend: »Also ich kann keinem Bild hier den Kunstcharakter absprechen.«

Ob er das kann (oder will), ist auch ganz unerheblich.

Entlarvend ist vor allem, daß »Nacktheit« hier nicht das bedeutet, was normalerweise darunter verstanden wird. Es bedeutet *weibliche* Nacktheit. Nackte Männer waren auf den gezeigten Bildern nicht zu sehen. Gut verpackte Männer blicken auf nackte Frauen, am liebsten beschämte, schutzlose und bloßgestellte – wie gehabt.

Motto und Vorwand der Peepshow ist die Sage von Diana und Actaeon in der Fassung von Ovid: Der Jäger Actaeon erblickt versehentlich die Göttin Diana mit ihren Gefährtinnen im Bade. Sie sagt: »Du wirst niemandem sagen, du hättest mich nackt gesehen« und verwandelt ihn in einen Hirsch. Actaeon in Hirschgestalt wird daraufhin von seinen eigenen Hunden gejagt und zerrissen.

Der Titel *Der verbotene Blick auf die Nacktheit* verschweigt, daß das Verbot von einer Göttin ausgesprochen und machtvoll durchgesetzt wurde, und auch sonst ist alles Wesentliche fortgelassen. Die patriarchotische Asymmetrie scheint so selbstverständlich, daß sie nicht einmal mehr benannt werden muß: daß nämlich der Blick männlich ist und die Nacktheit weiblich. Der Maler und sein Modell. The Peepshow goes on and on and on. Die hochkulturelle Düsseldorfer Peepshow wird sicher jede Menge Besucher anlocken, die der Kombo »verboten« und »Nacktheit« nicht widerstehen können – denn was geboten wird, ist wie schon das ZDF verkündete, teilweise so extrem, daß sie es nicht zeigen mochten. Eine bessere Reklame kann sich der Museumsdirektor gar nicht wünschen. Sicher dürfen wir Frauen unsere umfassende Degradierung zum Sexobjekt auch diesmal wieder mit unseren Steuergeldern finanzieren, schließlich sind wir eine Kulturnation.

Dianas Verbot wird in der Männerkunstgeschichte genüßlich mattgesetzt, Akt für Akt. Wirklich verboten ist nämlich nur der Blick auf männliche Nacktheit. Männer werden in der Kunst nicht beim Baden überrascht; vielleicht baden sie zu selten?

Die Ausstellung illustriert umfassend, daß ihr Titel eine Farce ist: Dem Blick auf weibliche Nacktheit *können* wir in unserer Kultur gar nicht entkommen, er wird uns aufgezwungen. Auch in der Werbung ist die Frau bekanntlich nackt oder beknackt oder beides.

Es erinnert an die Peepshows der jüngsten Oscar-Verleihungen: Die Frauen trotz Kälte mehr oder weniger nackt, die Männerkörper in schützender Kleidung, keinem geil taxierenden Blick und keiner Kälte ausgesetzt.

* * *

Am Dienstag war ich noch in Wien und besuchte die Ausstellung *Gustav Klimt und die Kunstschau von 1908* im unteren Belvedere. Ich blieb lange stehen vor einem Bild von Carl Moll – ich mochte nicht glauben, was ich da sah. Das Bild zeigte, wie ich erst später nach längerem Recherchieren herausbekam, Anna Moll geb. von Bergen verw. Schindler, die Mutter von Alma Mahler-Werfel geb. Schindler. Sie saß am Schreibtisch und nahm fast ein Drittel des Bildes ein. Nackt war sie nicht. Der Maler, ihr Gatte, hatte das Bild wie folgt benannt: »Mein Wohnzimmer«.

Wenn die Frau nicht nackt ist, braucht sie sich gar nicht erst blicken zu lassen. Sie wird unsichtbar oder ein Teil des Mobiliars.

Oktober 2008

Liebe

Das Hohelied der Liebe von Edeka

Die Liebe eifert nicht,
sie bläht sich nicht auf,
sie läßt sich nicht erbittern,
sie freut sich nicht über die Ungerechtigkeit,
sie freut sich aber an der Wahrheit;
sie erträgt alles, sie glaubt alles, sie hofft alles,
sie duldet alles.

So steht es im 1. Korintherbrief im Hohenlied der Liebe. Nun hat Edeka diesem alten Lied noch eine zeitgemäße Strophe hinzugefügt:

Die Liebe kribbelt nicht,
sie brutzelt.

Edeka feiert dieser Tage ihren 100. Geburtstag, und seit Wochen schon werden wir darauf eingestimmt mit ganzseitigen Anzeigen, die den Edeka-Slogan »Wir lieben Lebensmittel« variieren. Zur Spargelsaison ging es los mit einem phallischen Spargelbild und dem Spruch:

> Seit 100 Jahren geht die Liebe nicht nur unter die Haut, sondern auch unter die Erde.

Kleingedruckt dann:

> Liebe hat oft mit perfektem Timing zu tun [ob sie da an Viagra denken?] Wir von EDEKA können seit 100 Jahren ein Lied davon singen – vor allem wenn's um frischen Spargel geht.

Zu verstehen ist der Zusammenhang zwischen Bild und Spruch nicht unbedingt, es geht mehr so um eine Anmutung, eine lose Assoziationsreihe: *Spargel – Phallus – Liebe. Wir lieben Lebensmittel. Wir lieben Spargel. Spargel symbolisiert Liebe, oder Sex, oder was. Und SEX SELLS.* Schon in dem alten Song der Comedian Harmonists mußte das sperrige Gemüse herhalten zum selben Zweck:

Veronika, der Lenz ist da,
Die Mädchen singen tralala.
Die ganze Welt ist wie verhext,
Veronika, der Spargel wächst!

So abgedroschen die Spargelmetapher ist, es wohnt ihr doch eine tiefe Weisheit inne: Roh und aufrecht ist der Spargel ungenießbar. Bekömmlich wird er, wenn er weichgekocht und schlapp ist. Manche mögen ihn am liebsten al dente. Na denn: Guten Appetit.

Juni 2007

Helden der Liebe und Gnadenhochzeit

Dieses Wochenende beglückte uns das Hoch Friedrich mit heftiger Kälte und strahlender Sonne.

Viele Frauen haben sich darüber geärgert, daß die Hochs bei uns männliche Vornamen bekamen, die Tiefs dagegen weibliche. Die Taufpraxis soll auf die Meteorologin Dr. Karla Wege zurückgehen, die sich als Studentin in den 50er Jahren an dem US-amerikanischen Brauch orientierte, den Hurrikanes weibliche Vornamen zu geben.

In den 70er Jahren sorgte die amerikanische Frauenbewegung für Gerechtigkeit. Seitdem wechseln sich die Geschlechter ab: neben der verheerenden Katrina gab es die kaum weniger schrecklichen Hurrikanes Mitch und Andrew.

Damit bei uns die wetterwirksamen Tiefdruckgebiete von den Hochdruckgebieten besser unterschieden werden können, schlug Karla Wege für Hochdruckgebiete männliche Namen vor.

Alles hier schön nachzulesen (www.met.fu-berlin.de/~stefan/fax1.pdf). Mir gefällt diese Unterscheidung. Was ist schon ein Hoch Friedrich gegen die Urgewalt der Tiefs Wiebke oder Vivian (manche mögen sich noch an diese Rackerinnen erinnern).

Die meisten Frauen sehen das allerdings anders und fragen in meinen Vorträgen oft empört, warum nur die Hochs männliche Vornamen hätten. Dann flapse ich: »Vielleicht weil die Männer sonst kein Hoch kriegen?« (Allerdings wechseln sich seit einigen Jahren männliche und weibliche Namen bei den Hochs und Tiefs ab.)

Diese Männer heißen jetzt »Helden der Liebe«. Den Hinweis auf sie schickte mir Brigitta Huhnke.

»Helden der Liebe« ist eine poesievolle Anzeige zum Frühling und zum Valentinstag betitelt, mit Anleitung zum Basteln einer Origami-Rose für die Liebste (die immer »der Partner« genannt wird – dabei ist alles strikt hetero) und Link auf eine Webseite mit Gedichten (»Frauen mögen Gedichte!«). Origami klingt schon fast so gut wie Orgasmus, und darum geht es auch bei den »Helden der Liebe«. Es ist eine Anzeige des Pharmakonzerns Lilly, und was sie an den Mann bzw. Liebeshelden bringen wollen, ist ihr Mittel gegen ED (erektile Dysfunktion; zu deutsch: wenn er kein Hoch kriegt). Die soften Blümchen und Gedichte waren nur Außendekoration, um von den knallharten Geschäftsinteressen abzulenken.

Jetzt weiß ich endlich, warum der angeblich schönste Tag im Leben *Hochzeit* genannt wird. Je länger das Paar verheiratet ist, um so härter werden die Namen für die Jubelhochzeit: silberne, goldene, diamantene, eiserne, steinerne Hochzeit.

Vor diesen Helden der Liebe und ihren furchterregenden Hoch-Zeiten muß nachdrücklich gewarnt werden. Denn Gnade gibt es erst zur Gnadenhochzeit, nach 70 Jahren! Und wenn der Lilly-Konzern sich durchsetzt, nicht einmal dann.

Februar 2008

Krake im Bauch

Gestern waren wir mit Christiane in dem Film *Water Lilies* von Céline Sciamma, französisches Original mit englischen Untertiteln. Eigentlich wollten wir einen anderen Film sehen, der lief aber schon nicht mehr. Wir einigten uns dann auf diesen Film, von dem wir alle noch nie gehört hatten, weil seine Anfangszeit uns noch ein wenig Zeit für das Dinner ließ, weil er von einer Frau ist und von drei 15jährigen Mädchen/Frauen handelt, die alle etwas mit Synchronschwimmen zu tun haben. Ich liebe das Synchronschwimmen – einen ulkigeren Sport gibt es wohl nicht.

In der Anfangsszene schwimmen die »Water Lilies« synchron zum »Dies irae« aus Verdis *Requiem*. Sehr komisch, um nicht zu sagen *camp*, aber dann wird es ernst:

> Das Synchronschwimmen hat die fünfzehnjährige Marie in ihren [*sic*] Bann gezogen – oder ist es vielmehr der hinreißende Star der Gruppe, die schöne Floriane? Diese wiederum gilt unter den Jugendlichen als ›femme fatale‹, die jeden Jungen um den Finger

> wickeln kann. Dritte im Bund der liebesdurstigen Jugendlichen im Vorstadtmilieu ist Maries beste Freundin Anne, dringend auf der Suche nach dem ersten Mal. (film-zeit.de)

Im Original heißt der Film *Naissance des pieuvres* (Geburt der Kraken), in Deutschland läuft er unter seinem englischen Titel *Water Lilies*. *Water Lilies* heißt in der englischsprachigen Welt der berühmte monumentale Gemäldezyklus *Nymphéas* (Seerosen) des späten Monet. Und von *Nymphéas* ist es nicht weit zu Lolita und anderen »Nymphchen« (*nymphets*).

Water Lilies ist als Titel nicht schlecht, aber er trifft nur die Oberfläche des Films, und mit dem Originaltitel hat er nichts zu tun. Der ist keine voyeuristische Anspielung auf grazile junge Badenixen, sondern zielt kompromißlos auf ein – nicht selten verzehrendes und verheerendes – Gefühl.

Die Regisseurin antwortete auf die Frage, was es mit dem mysteriösen Titel »Geburt der Kraken« denn auf sich habe, folgendes:

> Der Titel war da von Anfang an. Er ist quasi das erste, was ich geschrieben habe. Die Krake ist für mich die Manifestation der Gefühle, das vielarmige Monster, das im Bauch wohnt. Die Eifersucht, die Begierde … Wenn wir uns das erste Mal verlieben, das ist die Geburt der Krake in uns …
> Und dann, etwas einfacher, ist die Krake ein weibliches Wasserwesen. Anmutig im Wasser, in ihrer Stärke und Geschmeidigkeit. Sie hat Ähnlichkeit mit den Körpern Heranwachsender. [Françoise] Dolto spricht vom Hummerkomplex, um die Adoleszenz zu beschreiben. Und bei mir ist es der Krakenkomplex … (culturopoing.com/Blogs/Cinema.php?Id=810; Übersetzung von mir, LFP)

Céline Sciamma ist 28 Jahre alt – die Zeit des Krakenkomplexes liegt bei ihr noch nicht so weit zurück, daß sie vergessen hätte, welche Qualen die Krake bereiten kann.

Wo andere liebliche Bilder von Blumen und Schmetterlingen bemühen, um die Pubertät zu beschreiben (»Schmetterlinge im Bauch«, »Im Schatten junger Mädchenblüte« (Proust), »Water Lilies«), vermittelt Sciamma uns die authentische Innensicht und spricht von einem vielarmigen Monster.

Erwachsene kommen in dem Film kaum vor. Er ist aus der Perspektive von Marie gedreht; sie ist die zentrale Figur. Sie ist in Floriane verliebt, aber das darf natürlich niemand merken. Ihre Krake muß, anders als die von Floriane und Anne, im Versteck bleiben und tobt dort um so wüster.

Die Kraken von Anne und Floriane haben sozusagen freien Auslauf, dürfen hohe Wellen schlagen und theatralische Wirkung entfalten. Dafür wurden beide Darstellerinnen (Louise Blachère und Adèle Haenel) zu Recht preisgekrönt. Die Darstellerin der Marie (Pauline Acquart) ging leider leer aus. Marie tut auch meist nicht mehr, als zu beobachten, zu schweigen, in der Ecke zu stehen und stundenlang zu warten. Auf der Tanzfläche steht sie steif da, während ihre Angebetete einen lasziven Tanz um sie aufführt.

In dem berühmten Film *Brokeback Mountain* über zwei schwule Cowboys geht es auch die meiste Zeit nur um die brutale Unterdrückung der Kraken. Aber in zwei Liebes-Szenen dürfen sie sich doch intensiv ausleben. Nicht so Maries Krake. Die bleibt die ganze Zeit unter Verschluß. Als wir das Kino verließen, fragte mich Christiane: »Welche war denn nun die Lesbe?« Im Vorschautext war von »Schwärmereien« (*crushes*) die Rede gewesen, »sowohl heterosexuellen als auch gleichgeschlechtlichen«.

Die Frage hat mich sehr verblüfft. Die Krake zerreißt Marie fast, aber das merken vielleicht nur die, die den Zustand kennen. Regisseurin Céline Sciamma kennt sich aus, bestens.

August 2008

Literatur

Lessings Neffe

Seit gut 200 Jahren kennen wir *Rameaus Neffe* von Diderot in Goethes Übersetzung – war das klassische Werk des großen Aufklärers nur das Prequel zu »Lessings Neffe«??

Aber der Reihe nach: Vor einer Woche hatte ich einen Workshop zur feministischen Sprachkritik in Graz. Getreu dem Titel der Veranstaltung schickte ich die TeilnehmerInnen an die Arbeit und ließ sie u.a. den lehrreichen Zeitungsartikel »Der Kaiser sagt Ja« analysieren (s. S. 105 f.). Sie identifizierten im Handumdrehen sämtliche Sexismen und brachten mir sogar noch was bei. Unsere Kultur kenne nicht nur die Vorschrift »Mann vor Frau«, sondern auch »Celebrity vor Nobody«, erklärten die GrazerInnen. Neben »Kaiser Franz heiratet seine Heidi« sei deshalb auch »Madonna heiratet ihren Guy« durchaus gängig.

Einer der Kommentatoren zu meinem Blog hatte mich auch schon darauf hingewiesen: »Kinderkriegen können auch Kühe, aber gut Fußball spielen können nur Götter!«

Falsch – möchten wir diesem rüden Herrn zurufen. Die Frauen unserer National-Elf können beides.

Aber die Regeln »Mann vor Frau« und »Celebrity vor Nobody« erklären noch nicht alles. Es gibt auch noch die Meta-Regel »wir vor den anderen«. (»Mann vor Frau« ist nur die patriarchale Ausprägung dieser Regel.) Die beiden deutschen Nobelpreisträger für Chemie und Physik, Ertl und Grünberg, wurden bei uns endlos gefeiert; in den USA blieben sie Nobodys. Es war nur zu lesen, daß der Physikpreis an Leute gegangen war, ohne die es den iPod nicht gäbe (das klang doch wenigstens nach amerikanischer Mitwirkung). Auch von dem Preis an Doris Lessing war wegen der Turbulenz um den Friedenspreis an Gore noch nicht viel durchgedrungen, als ich eine Woche später in Boston ankam.

FemBio-Autorin Cristina Fischer, die regelmäßig die *Ostsee-Zeitung* liest, berichtet mir hin und wieder von merkwürdigen Lesefrüchten. Zum Nobelpreis an Doris Lessing titelte die *OZ*: »Nobelpreis für Gysis Tante«.

Ob die *Ostsee-Zeitung* ihre LeserInnen nicht ein wenig unterschätzt? Glauben sie wirklich, daß MeckPomm so provinziell ist, daß mann Doris Lessing nicht kennt, sondern nur ihren angeheirateten Neffen Gregor Gysi?

Wir sollten die Anregung der *OZ* sofort aufnehmen und hinfort statt »Gregor Gysi« nur noch »Lessings Neffe« sagen. Es wird ihn sicher freuen.

Die Kommentare zu Lessings Nobelpreis waren überhaupt sehr aufschlußreich. Unser Literaturpapst fand die Wahl bedauerlich, auch Denis Scheck hätte lieber Philip Roth oder John Updike gesehen. Ich muß zugeben, daß ich mit Lessing auch ein wenig enttäuscht war. Ich warte nämlich jedes Jahr darauf, daß Swetlana Alexijewitsch den Preis bekommt, nachdem Galina Starowojtowa und Anna Politkowskaja ermordet wurden, bevor sie mit dem Friedensnobelpreis geehrt werden konnten.

Übrigens fand keiner unserer Literaturversteher, die jemand anders für den Preis vorgesehen hatten, daß der Preis an eine andere Frau hätte gehen sollen. Sie fürchten wohl, daß der Preis dann an Prestige verliert. Aber zum Glück werden die Preise in Skandinavien vergeben, wo in letzter Zeit das Prinzip »Mann vor Frau« sogar für die Thronfolge abgeschafft wurde.

Umberto Eco fand die Wahl in Ordnung, wunderte sich nur, daß der Preis schon wieder nach England geht.

Italien wäre ihm da wohl lieber gewesen. Elfriede Jelinek fand den Preis an Lessing überfällig, genau wie die Preisträgerin selber. Sehr sympathisch auch die Reaktion von Julia Franck, die ein paar Tage zuvor den deutschen Buchpreis bekommen hatte: Natürlich stünde der Preis Lessing schon lange zu, er komme viel zu spät. »Hoffentlich hat sie noch genug Zeit, das Geld auch auszugeben«, meinte sie nachdenklich. Sie spricht die wirklich wichtigen Dinge des Lebens unverblümt an, ganz wie Doris Lessing. Möge sie selbst den Preis zeitig genug bekommen – aber erst nach Swetlana Alexijewitsch!

Oktober 2007

Pippi Langstrumpf, Harry Potter und Co.

In diesem Monat (November 2007) würdigt FemBio (www.fembio.org) ungewöhnlich viele Kinderbuchautorinnen: In der ersten Woche Else Ury zum 130. Geburtstag, in der zweiten Elise Averdieck zum 100. Todestag, in der letzten Louisa May Alcott zum 175. Geburtstag. Und jetzt in der dritten Woche Astrid Lindgren die Große zum 100. Geburtstag. Ihre Verlage und alle anderen Lindgren-Fans kommen schon das ganze Jahr aus dem Feiern nicht mehr heraus.

Eine Leserin schrieb mir neulich, ob ich nicht mal was zu dem eklatanten Sexismus in den *Harry-Potter*-Büchern sagen wolle. Ich muß zugeben, ich kenne mich mit *Harry Potter* kaum aus, habe mich nur immer gefreut, daß mit J.K. Rowling mal eine Frau das richtig große Geld abräumt.

Ich habe nur den ersten *Potter*-Band gelesen und den ersten *Potter*-Film gesehen, mehr mußte es nicht sein, schließlich bin ich kein Kind mehr, sondern eine Matrone. Rowlings übersprudelnder Einfallsreichtum gefiel mir sehr, aber ihre Charaktere fand ich zu flach. Und natürlich zu männlich insgesamt, da halfen auch Hermione/Hermine und die paar Lehrerinnen nicht, deren Namen ich vergessen habe. Männerhorden reichen mir schon in der Wirklichkeit. Bei meiner Lektüre bevorzuge ich eine schöne weibliche Mehrheit als Gegengewicht – oder mindestens Ausgewogenheit.

Ich bin mit den ausgewogenen Kinderbüchern von Elise Averdieck aufgewachsen, die meine Großmutter durch den Krieg gerettet hatte und die damals schon hundert Jahre alt waren. Sie hießen *Karl und Marie* und *Roland und Elisabeth* – die Reihenfolge zwar wie gewöhnlich, aber es kommt doch wenigstens ein Mädchen im Titel vor. Bei *Heidi* und *Alice im Wunderland* wurde es dann noch besser.

Aber als ich acht war, brachte mein Bruder Karl-May-Bände mit nach Hause, die Schulfreunde ihm geliehen hatten. Ich durfte sie nach ihm lesen – noch mit zwölf schwärmte ich für den edlen mädchenhaften Winnetou.

Mein Bruder war es auch, der mich mit Mickymaus- und anderen Comic-Heften bekannt machte, wie *Prinz Eisenherz*, *Tarzan* und *Fix und Foxi*. Die Erwachsenen sahen unsere Begeisterung für die Comics nicht gern, sie fanden die Bildchen wohl nicht so bildend. Wirklich fatal ist natürlich, daß keine Frauen vorkommen, wenn doch mal, sind sie dumm und/oder hysterisch wie Daisy Duck oder später Miss Piggy. In der Sexta lieh mir eine Mitschülerin den ersten *Pippi-Langstrumpf*-Band, 1954 war das, ein kleines festes blaues Buch. »Pippi« erinnerte mich an Pipimachen, das war mir peinlich. Aber im übrigen fand ich Pippi toll und verschlang alle drei Bände.

Nesthäkchen, *Trotzkopf* und *Pucki* las ich nur selten, ab 13 dann sowieso lieber Dostojewsky und Thomas

Wolfe; *Der Idiot* und *Schau heimwärts, Engel* haben mich tief erschüttert. Erst mit 15 entdeckte ich die wunderbare Welt der Literatur von Frauen und bin seither darin verblieben: Jane Austen, Katherine Mansfield, Virginia Woolf und Carson McCullers liebte ich so sehr, daß ich beschloß, Englisch zu studieren, was ich dann auch tat. In den 60er Jahren las ich gerne die *Peanuts*, und noch immer fiel mir zum Personal nichts auf, dabei gibt es bei den *Peanuts* an weiblichen Gestalten nur die Furie Lucy.

Fazit: Es gibt Mädchenbücher (*Heidi*, *Nesthäkchen*, *Trotzkopf*, *Pucki*), die kein Junge anrührt. Dann gibt es »Kinderbücher«, die meistens Jungenbücher sind, aber nicht so heißen. Sie werden Mädchen und Jungen angedient und von beiden konsumiert. Die Mädchen – und ihre Eltern! – merken in der Regel (so wie ich früher) gar nicht mal, daß sie im *Dschungelbuch*, bei *Tom Sawyer* und *Huckleberry Finn*, in Entenhausen, bei *Pu der Bär*, den *Peanuts*, dem *Herrn der Ringe*, *Asterix und Obelix*, in der *Muppet-Show*, der *Sesamstraße* und jetzt in der *Harry-Potter*-Serie kaum vorkommen.

Und dann gibt es noch das Wunder Pippi Langstrumpf, ein Mädchen mit den Insignien der Männerherrschaft: Kraft, Reichtum, Unabhängigkeit. Sie hebt spielend ihr Pferd von der Veranda, bedient sich und andere reichlich aus ihrem Vorrat an Goldstücken, Eltern zum Dreinreden sind nicht vorhanden.

Die Kinderbuchautor*innen* haben meist eine gemischte Kinderschar im Auge. Daß es auch Mädchen gibt, ist ihnen nicht entgangen, und sie versuchen dieser Tatsache gerecht zu werden, manchmal gar, dem Männlichkeitsdrall bewußt entgegenzusteuern und die hingebungsvollsten unter ihren LeserInnen mit einer weiblichen Heldin ganz gezielt aufzubauen, ihnen Identifikationsfiguren anzubieten, wie es heute heißt.

Bis auf die Ausnahmeerscheinung des mädchenliebenden Mathematikprofessors Dodgson alias Lewis Carroll (*Alice im Wunderland*) scheren sich männliche Autoren, angefangen bei Karl May über A. A. Milne, Tolkien, Disney und Charles M. Schulz bis hin zu den Franzosen Goscinny und Uderzo den Teufel um Mädchen; sie basteln unbeirrt an ihren männlichen Universen, in denen weibliche Menschen nichts zu suchen haben.

Daß auch J.K. Rowling mitbastelt, ist verdammt schade. Und daß Astrid Lindgren nicht mehr ist, ist ein ewiger Jammer. Aber wir haben ihre Werke. Und auch den *Nils Holgersson* ihrer großen Landsfrau Selma Lagerlöf (deren 150. Geburtstag wir nächstes Jahr um diese Zeit feiern). Was wäre der kleine Däumling ohne seine weise Beschützerin Akka von Kebnekajse, die Anführerin der Wildgänse?

Nachtrag: Meine Nichte, inzwischen 15, war verrückt nach *Benjamin Blümchen* und *Bibi Blocksberg* von Elfie Donnelly und den *Wilden Hühnern* von Cornelia Funke, bevor sie Harry Potter verfiel. Matrone hin oder her, ich muß jetzt endlich auch Donnelly und Funke hören, lesen und sehen! Sie scheinen würdige Nachfolgerinnen Astrid Lindgrens zu sein.

November 2007

Die Wohlgesinnten, die Ausgebufften und andere seltsame Titel

Am 22. Februar, dem Vorabend des Erscheinens der *Wohlgesinnten*, brachte *3sat Kulturzeit* einen längeren Beitrag über den Schocker von Jonathan Littell. Ich hatte von dem Buch bis dahin nichts gehört, erfuhr nun aber, daß das französische Original ein rasender Bestseller sei und zudem den Prix Goncourt bekommen hätte.

Den Titel fand ich für die fiktiven Bekenntnisse eines Nazischergen etwas verschroben, dachte aber nicht weiter darüber nach. Es ging in dem Bericht auch hauptsächlich um die literarische Kontroverse, die das Buch in Deutschland schon vor seinem Erscheinen ausgelöst hatte: Haben wir es mit einem genialen Jahrhundertwerk oder mit einem mönströs mißlungenen Machwerk zu tun? Interessanterweise vertreten Männer überwiegend die These vom Geniestreich (Cohn-Bendit, Schirrmacher, Lanzmann, Semprun), Frauen wie z. B. Deutschlands bekannteste Literaturkritikerinnen Sigrid Löffler und Iris Radisch hingegen finden das Buch total mißlungen.

Ich kann zu der Debatte nichts beitragen, denn ich habe das Buch nicht gelesen, und wie ich mich kenne, werde ich es auch nicht lesen (wollen). Da vertraue ich gern dem Urteil der Expertinnen (»Landser-Kitsch«, »häufig ekelerregende, noch häufiger einfach langweilige Lektüre«). Und überhaupt: Es gibt so viele Bücher von Frauen, die ich noch nicht gelesen habe, Hedwig Dohm, Annette Pehnt, Julia Franck, Naomi Klein, Alice Rühle-Gerstel, Judith Thurman, Doris Lessing, Shere Hite – um nur acht von hunderten zu nennen.

Mir geht es heute um meine Erlebnisse mit dem seltsamen Titel des Littell-Buchs. *Die Wohlgesinnten*, dachte ich zunächst, das ist eine bitter-ironische Bezeichnung für die Nazimörder, die den »deutschen Volkskörper« wohlmeinend oder eben »wohlgesinnt« vom »jüdischen Ungeziefer« ein für alle Mal »befreien wollten«. Vage erinnerte mich der Titel auch an Goldhagens

Buch *Hitlers willige Vollstrecker* (*Hitler's Willing Executioners*).

Im Original hieße das Buch *Les Bienveillantes*, erfuhr ich dann und mußte meine Assoziationen revidieren, denn *Bienveillantes* ist ein Femininum. Ein weiblicher Titel für diese Nazi-Männer-Saga? Was mochte das bedeuten?

Ich las mich durch die entsprechenden Internetseiten und erfuhr, daß *Die Wohlgesinnten* auf den dritten Teil der Orestie des Aischylos anspielt, der bei uns *Die Eumeniden* heißt, auf französisch *Les Euménides*, auf englisch *The Eumenides*.

Warum also Jonathan Littell sein Buch *Les Bienveillantes* statt *Les Euménides* genannt hat, bleibt sein Geheimnis. Ich habe Latein und Griechisch studiert – mit *Die Eumeniden* hätte ich etwas anfangen können, *Die Wohlgesinnten* aber führte mich erst mal gründlich in die Irre. Vielleicht war das Absicht.

Littell gibt seinen ÜbersetzerInnen Ratschläge, wie sie den Titel am besten in all die Sprachen übersetzen sollten, in die sein Werk voraussichtlich übersetzt werden wird, wenn sich der Hype fortsetzt: Direkt aus dem Griechischen.

Die Eumeniden, zu Deutsch »Die Wohlmeinenden, Wohlgesinnten, Gnädiggestimmten« sind in der griechischen Mythologie ursprünglich Rachegöttinnen, Erinnyen oder Erinyen. Auf lateinisch *furiae*, die Furien.

Im dritten Teil der Orestie werden die Erinnyen, die zuvor Orest wegen des Mordes an seiner Mutter Klytaimnestra bis zum Wahnsinn verfolgten, von Göttin Athene umgestimmt; sie werden quasi domestiziert (hier könnten sich lange feministische Auslegungen der Mythologie anschließen). Die Umgestimmten und Umgepolten heißen nunmehr »Eumeniden« – aber wir durchschauen solche Augenwischerei und verstehen gemeinhin unter »Eumeniden« – Erinnyen, Rachegöttinnen, Furien.

In ihrem Verriß in der *Zeit* findet Iris Radisch kraftvolle Worte für die antike Verbrämung des Littell-Wälzers:

> Veredelt wird der Edelnazi auch durch das intertextuelle Spiel des Romans mit der Orestie des Aischylos, das noch viele Doktorarbeiten alimentieren wird. Aue [so heißt der »Held« des Romans] als Orest, die beiden Polizisten, die Aue als Muttermörder überführen, in der Rolle der Erinnyen (auf Deutsch der »Wohlgesinnten«) ... all dies sind hochkulturelle Köder, nach denen die Interpreten schnappen wie der Fisch nach dem Wurm an der Angel. ... Den Täter ... intellektuell und mythologisch aufzurüschen und gleichzeitig für unschuldig – im antiken Sinn schuldunfähig – zu erklären, das ist Legendenbildung.

An dieser Legendenbildung will ich mich nun nicht länger beteiligen, auch nicht länger nach den »hochkulturellen Ködern schnappen«.

Kommen wir zu ganz was anderem und doch Einschlägigem. Ich dachte noch intensiv über französische Feminina nach, die grammatisch neutral ins Deutsche kommen und als männlich verstanden werden – da las ich über den Film *Die Ausgebufften* von Bertrand Blier aus dem Jahre 1974, mit Gérard Depardieu, Patrick Dewaere, Miou-Miou und Jeanne Moreau – ein Roadmovie über zwei Gammler, die sich klauend herumtreiben und dabei möglichst viele Frauen »aufreißen«.

Im Original heißt der Film *Les valseuses* – wieder eindeutig ein Femininum, zu Deutsch »Die Walzertänzerinnen«. Ist es möglich, fragte ich mich, daß eigentlich die beiden Frauen die Hauptfiguren des Films sind – zwei Frauen auf der Walz, sozusagen?

Wieder ging ich der Sache im Internet nach und erfuhr schließlich: »*les valseuses* (the waltz dancers) … is slang and a metaphor for the movement of the testicles …«

März 2008

Ein liebendes Pferd

Martin Walsers neuer Roman, *Ein liebendes Pferd*, bildet – nach *Ein springender Mann* und *Ein fliehender Brunnen* – den Abschluß seiner Partizipialtrilogie. Möglich, daß ich die Titel nicht ganz genau auf die Reihe gekriegt habe. Vielleicht baut er die Serie noch zu einer Heptalogie aus, um mit *Grass' Tierleben* gleichzuziehen (*Katz und Maus*, *Hundejahre*, *Aus dem Tagebuch einer Schnecke*, *Der Butt*, *Die Rättin*, *Unkenrufe* und *Im Krebsgang*) – aber die Zeit wird knapp.

Es geht in dem Roman um die Liebe des 73jährigen Goethe zu der 19jährigen Ulrike von Levetzow. Sie lehnt seinen Heiratsantrag ab, und er ergießt seinen Schmerz in die Marienbader Elegie, ein Kleinod deutscher Dichtkunst.

Viele Rezensenten und besonders Rezensentinnen fühlen sich von der derzeit grassierenden Thematik »Alter Mann mit junger Frau« zunehmend belästigt und sprechen von Altersgeilheit:

> Diese alten Männer. Weit jenseits der siebzig, müssen sie sich wohl alle in junge Mädchen verlieben. Warum muss das sein? Das weiß man nicht. Aber die alten Männer der Literatur schwelgen darin. Nach Martin Walser, dessen Thema ermüdender- und langweiligerweise in den letzten vier Romanen die »Altersgeilheit«

> ist, hat sich nun auch der 75-jährige Nobelpreiskandidat Philip Roth darauf besonnen. Und leider, wie bei Walsers Romanen, ist auch dieses Werk eher misslungen. (Georg Patzer in literaturkritik.de)

Ich finde, die alten Männer haben schon ein Recht darauf, dem Lesevolk von ihrem Altmännerleid, von Gebrechlichkeit, Impotenz und Inkontinenz zu künden – wir müssen es ja nicht lesen.

Es ist ein ernstes und erzählenswertes Thema, wenn der Körper nicht mehr will. Was mich aber schon immer genervt hat, ist die Selbstverständlichkeit, die die Kombi »Alter Mann, junge Frau« für diese alten Herren hat, die sonst so sensibel alles und jedes problematisieren.

Es fiel mir zuerst an der autobiographischen Erzählung *Montauk* (1975) von Max Frisch auf. Er ist über 60 und hat eine Affäre mit einer 30jährigen Frau. Über alles mögliche denkt er differenziert nach, aber nicht darüber, daß die umgekehrte Konstellation – alte Frau mit jungem Mann – skandalös und lachhaft wäre. Nein, lachhaft kommt er sich keinen Moment vor.

Es ging mir wohl auch deshalb so auf den Geist, weil ich, als *Montauk* rauskam und ähnlich wie derzeit Walsers *liebender Mann* überall diskutiert wurde, von einem 30 Jahre älteren Schriftsteller umworben wurde. Es war mir besonders peinlich, in der Öffentlichkeit von ihm so verliebt umgurrt und gegen meinen Willen als »seine Trophäe« präsentiert zu werden, die ihn wiederum zum »tollen Hecht« machte. Auf die Idee, daß mir das peinlich sein könnte, wäre auch dieser im übrigen hochsensible Mann nie gekommen. Er verschenkte seine Gunst schließlich nicht an jede und gewährte mir damit eine Auszeichnung, auf die ich stolz zu sein hatte. Zartere Zeichen meines Unmuts prallten an seiner

Selbstgewißheit ab; schließlich mußte ich richtig grob werden.

Der Rezensent fragt: »Diese alten Männer. ... Warum muss das sein? Das weiß man nicht.«

Mann *will* es wohl nicht wissen, denn mit nur wenig Nachdenken ließe sich das »Rätsel« schon lösen.

Der Schlüssel liegt genau in der obszönen Asymmetrie:

> Alter Mann & junge Frau – ok.
> Alte Frau & junger Mann – skandalös.

Auf eine ältere Frau lassen sich nur »sozial benachteiligte« jüngere Männer ein, wie uns Männer mit Filmen wie *Angst essen Seele auf* (Faßbinder) oder *Die Mutter* (nach Kureishi) gerne einschärfen. Ein »richtiger« Mann ist sich dafür nämlich zu schade. *Lieben Sie Brahms* ist eine absolute Ausnahme, und nicht zufällig stammt der Plot von einer Frau, Françoise Sagan.

Dieselbe Asymmetrie herrscht in der Prostitution. Der Mann kann sich eine Frau kaufen, wenn ihm der Sinn nach Sex steht; die Frau kann das nicht; sie will es wohl auch nicht. – Die Welt durfte es ja gerade wieder mit Eliot Spitzer erleben, dem Governor des Staates New York, der jetzt zurücktreten mußte, nachdem seine Beziehung zu einem Call-Girl-Ring aufgeflogen war. Zwar haben wir immer mehr Frauen auch in höchsten politischen Ämtern – aber die müssen auf andere Weise Entspannung suchen.

Die *Chicago Herald Tribune* hatte eine bedrückende Fotogalerie der bekanntesten Sexskandale zusammengestellt, in die »liebende Männer« sich hineingeritten hatten (leider schon wieder aus dem Netz verschwunden). Ihre Ehefrauen sahen arg mitgenommen aus, die »Liebe« ihrer Männer ist ihnen nicht bekommen. Und den Prostituierten auch nicht, wie Melissa Farley uns wütend und glasklar auseinandersetzt.

Wäre Ulrike von Levetzow, nach der sich der alte Goethe so verzehrte, eine Kammerzofe statt einer behüteten jungen Adligen gewesen – Goethe hätte sie sich einfach »genommen« und ihr womöglich trotz Altersschwäche »ein Kind gemacht«, wie es anderen Geistesriesen seiner Zeit beliebte, z. B. Schopenhauer, Hegel, Raimund.

Auch Ulrikes Einwilligung sollte mit Geld gekauft werden: Goethes Freund und Gönner Carl August von Sachsen-Weimar stellte eine großzügige Witwenrente in Aussicht – Ulrike würde nicht unversorgt sein.

Die alten Männer, die sich in junge Frauen vergucken, tun nichts Rätselhaftes. Sie fahren vielmehr einfach fort zu tun, was sie schon immer getan haben: Sie kaufen sich eine Frau, möglichst eine frische bitte, oder sie ködern sich eine mit ihrem Status. Das Alter des Käufers ist irrelevant. Nur wenn die Frau genug eigene Ressourcen hat, wie Ulrike von Levetzow, bekommt der alte Herr ein Problem. Dann reichen nicht mehr sein Ansehen und sein Geld, um ihn attraktiv erscheinen zu lassen.

Meist treten aber solche ungünstigen Umstände nicht ein. Schließlich besitzen Männer die Macht und 99 % des Weltvermögens.

März 2008

Großmama packt aus, Großpapa kann einpacken

Während der letzten beiden Wochen habe ich mir bei der Hausarbeit und vor dem Schlafengehen zwei schöne Bücher vorlesen lassen: Erst *Zeitlupe* (*Slow Man*) von J.M. Coetzee (Sprecher: Christian Brückner), danach *Großmama packt aus* von Irene Dische, gelesen von Hannelore Hoger.

Diese beiden Bücher aus dem Jahre 2005 waren gerade in der Stadtbibliothek vorrätig – daß ich sie fast gleichzeitig kennenlernte, ist also reiner Zufall. Um so erstaunlicher, wie viele Parallelen die Bücher aufweisen. Beide AutorInnen singen – wenn auch in modern unterkühltem Ton – unbeirrt das Hohelied der Frau: Frauen schmeißen den Laden, behalten die Nerven, ohne sie geht alles schief. Kein Wunder, daß die Bücher mir gefielen. So viel entschlossenes Frauenlob sind wir bei »großer Literatur« gar nicht mehr gewöhnt.

Von *Großmama packt aus* hatte ich schon viel Gutes gehört, *Zeitlupe* hingegen war mir gänzlich unbekannt. Ich lieh mir das Hörbuch aus, weil mich Coetzees *Schande* (*Disgrace*) so tief beeindruckt hatte.

In *Zeitlupe* nun begegnete ich demselben mürrischen, desillusionierten Ich-Erzähler wie in *Schande*; er heißt zwar anders, aber eigentlich ist es derselbe Typ: Ein lakonischer älterer Mann von schmerzhafter Ehrlichkeit und Intensität. Humor ist nicht seine Stärke. Er hat ein Problem mit Frauen – er braucht sie, aber er ist auch schwierig und bindungsscheu. Deshalb kauft er sich manchmal Sex oder läßt sich von Frauen sexuell bedienen, an denen ihm eigentlich nichts liegt. Er findet das nicht gut, aber er läßt es sich durchgehen.

Ich mag diesen selbstkritischen, illusionslosen, »zersetzenden« Coetzee-Sound, besonders in Zeiten betäubenden Festtagsrummels wie jetzt um Ostern. Da es in beiden Büchern, *Schande* wie *Zeitlupe*, exakt derselbe Sound ist, nehme ich an, daß wir hier den Autor selbst vernehmen.

Auch Großmama erzählt in der Ich-Form, auch sie hat einen bald mürrischen, bald barschen Ton, ist lakonisch und unsentimental (diesen Ton trifft Hannelore Hoger perfekt). Das Grauen, das beiden ProtagonIstinnen zustößt, wird ohne Selbstmitleid abgehandelt. Coetzees Held hat durch einen Unfall ein Bein verloren; Disches Heldin mußte mit ihrer Familie vor den Nazis fliehen und sich in New York mühevoll eine neue Existenz aufbauen. Auch in Coetzees Buch spielt eine Emigrantin eine zentrale Rolle: Die Kroatin Marijana Jokic, Pflegerin des Helden, deren Familie nach der Auflösung Jugoslawiens ihr Glück in Australien sucht.

Beide AutorInnen machen Ausflüge ins Magische; Coetzee gibt seinem Helden ein »übersinnliches« Alter ego namens Elizabeth Costello bei; Disches Großmama bringt noch aus dem Grab heraus ihre Familiengeschichte auf den letzten Stand.

Soweit die Parallelen, nun einige Unterschiede: Coetzees Held Paul Rayment ist Atheist und voller Selbstkritik und Selbstzweifel, Großmama Elisabeth Rother dagegen ist gläubige Katholikin und herausfordernd selbstgerecht; sie sieht lieber andere kritisch als sich selbst, was viele komische Effekte ergibt. Während Rayment sein Leid stoisch erträgt und die Zähne zusammenbeißt, ist Großmama auf strategische Weise hypochondrisch und kündigt jedes Jahr aufs neue an, dies Jahr werde ihr letztes sein. Sie wird aber über neunzig und plaudert wie gesagt auch noch aus dem Grabe munter weiter. Rayment ist ein dünnlippiger Miesepeter; Großmama dagegen ist voller Saft und Kraft und sinnlichen Genüssen zugetan, die sexuellen ausgenommen. Denen zieht sie entschieden ihre Plätzchen vor.

»Das Unaussprechliche«, wie sie es nennt, wollen die Männer, und frau gibt eher widerwillig nach. Für Rayment ist Sex das zentrale Thema; all seine Gedanken kreisen darum, wie er die viel jüngere und zudem katholische und verheiratete Marijana rumkriegen kann. Das geht selbst einer geduldigen und wohlmeinenden Hörerin bisweilen auf die Nerven, obwohl der Held sich diesmal ausnahmsweise seines hinderlichen Altersvorsprungs schmerzlich bewußt ist.

* * *

Plötzlich nistet sich Elizabeth Costello bei Rayment ein; sie ist ihm lästig, läßt sich aber nicht so leicht vertreiben. Sie scheint allwissend zu sein und drängt den mißmutigen, zögerlichen Rayment zu mehr Entschlossenheit und jugendfrischer Action. Ähnlich drängt auch Großmama ihren jüdischen Ehemann, Nazi-Deutschland frühzeitig zu verlassen, aber er bleibt unbeweglich, bis es fast zu spät ist. Ohne Großmamas Tatkraft und Flexibilität hätte die Familie nicht überlebt, auch nicht in der Emigration. Die Kroatin Marijana, nach der ihr Patient sich verzehrt, spielt für ihre Familie dieselbe Rolle – ohne sie ginge es in der Fremde keinen Schritt weiter.

Elizabeth Costello (vor *Slow Man* widmete Coetzee ihr schon ein ganzes Buch) ist erkennbar das *alter ego* des Verfassers, sein »besseres« oder »ideales Selbst«. Daß er sein ideales Selbst als weiblich imaginiert, sagt viel über Coetzees einsame Klasse. Coetzees Helden können ohne Frauen nicht leben; die Frauen hingegen kommen gut ohne Mann aus. Dieselbe Botschaft schallt uns auch aus dem autobiographischen Familienroman von Irene Dische entgegen: die Männer – hochintelligent, aber oft selbstbezogen, fast autistisch – sind allein kaum lebensfähig. Sie ähneln Rayment, der ohne seinen Plagegeist Elizabeth Costello »nicht aus sich herauskann«. Bei Dische kommt hinzu, daß auch die Frauen nicht ohne Frauen auskommen – deshalb macht ihr Roman auch viel mehr Spaß als Coetzees.

Insofern gute Literatur eine hellsichtige Diagnose ihrer Zeit ist – was lernen wir aus diesen Büchern? Ohne Frauen geht die Welt zugrunde (der Mann, eher ein Klotz am Bein, wird gutmütig, bisweilen sogar zärtlich, mitgeschleift). Das wußten wir zwar schon, aber es tut gut, es nicht nur zu denken, sondern auch mal aus berufenem und öffentlich belobigtem Munde zu hören.

Oder, um es mit der triumphalen Erkenntnis Großmamas zu sagen, mit der sie ihre Familiensaga beschließt: »Wirklich – es geht nichts über eine Tochter.«

März 2008

Der Deutsche Buchpreis oder Die einzige Dame unter den sechs Herren

Am 13. Oktober wird verkündet, wer den diesjährigen Deutschen Buchpreis bekommt. Der erste ging 2005 an Arno Geiger, 2006 und 2007 bekamen Frauen den Preis, Katharina Hacker für *Die Habenichtse* und Julia Franck für *Die Mittagsfrau*. Gleich zweimal hintereinander eine Frau? Ich war platt!

Wohl damit die Schriftstellerinnen ihren männlichen Kollegen nicht schon wieder den Rang ablaufen und die Butter vom Brot stehlen, landeten diesmal fast nur Männer auf der Sechser-Shortlist: Iris Hanika wird eingerahmt von Dietmar Dath, Sherko Fatah, Rolf Lappert, Ingo Schulze und Uwe Tellkamp.

Um mich schon mal ein wenig zu orientieren, sah ich mir gestern nacht die Sendung *Literatur im Foyer* vom 26. September an, die ich mitgeschnitten hatte.

Es diskutierten sechs Männer und eine Frau über die Shortlist – dies ist in etwa auch die geschlechtermäßige Zusammensetzung der jährlich wechselnden Jury. Sie besteht immer aus sieben Personen, und meist darf unter den Literaturverstehern nur eine Alibifrau mitwirken, nur im ersten Jahr, 2005, waren es noch zwei. Dabei wissen wir seit der Pisa-Studie und weiß der Buchhandel schon lange, daß Männer wenig und ungern lesen. »Männer in meiner Buchhandlung? Nie!« hörte ich von einer befreundeten Buchhändlerin. »Nur am Heiligabend kommen sie und kaufen ein Buch – für ihre Frau.« Der Literaturbetrieb folgt dem bewährten Muster der katholischen Kirche: Männliche Führungsspitze, weibliches Fußvolk.

Drei der sechs Auserwählten waren anwesend: Lappert, Schulze und Tellkamp, und jedem wurde etwa eine Viertelstunde gewidmet. Die anderen drei, Dath, Fatah und Hanika wurden mit kurzen Filmchen und noch kürzeren Bemerkungen der drei Kritiker und der Kritikerin abgetan. Fatah bekam vier Minuten zugebilligt, Dath 3:12 und Hanika 3:07. Diese armen drei waren nach Meinung der Eingeweihten wohl chancenlos.

Sechs Männer und eine Frau in der Sendung, fünf Männer und eine Frau auf der Shortlist – so hat doch alles seine gendermäßige Richtigkeit und gewohnte Ordnung. Mit der Autorin Hanika war man am schnellsten fertig. Und die Kritikerin Verena Auffermann hielt sich damenhaft zurück, wenn die Kritiker sich lange und lautstark ereiferten und damit Beispielhaftes für gesprächsanalytische Seminare lieferten: Zweimal brüllten drei bis vier Männer gleichzeitig und ohne Rücksicht auf das Publikum, das erst unruhig wurde und dann zu lachen anfing. Keiner wollte dem anderen das Rederecht überlassen, und Frau Auffermann lächelte dazu fein und gequält.

Der Höhepunkt des Abends aber war folgender Satz des Moderators Martin Lüdke zur Einführung der Alibifrau auf der Shortlist: »Die einzige Dame unter den sechs Herren, die die Endauswahl für den Deutschen Buchpreis geschafft haben, ist Iris Hanika.«

Die erlauchte Runde, allesamt doch hoffentlich gewiefte Sprachsachverständige, ließ sich durch diesen Klops nicht stören. »Die einzige Dame unter den sechs Herren« löste keinen Protest, nicht mal eine Lacherin aus. Niemand hatte was gemerkt. Waren wohl zuwenig Damen auf dem Podium.

Oktober 2008

Männlichkeiten

Mac-TV für Macker

Mac-TV ist eine nützliche Einrichtung für alle, die ihren Mac besser verstehen und effektiver nutzen wollen. Ich habe immer nach so einer Möglichkeit gesucht, aber Video-Kurse waren mir zu teuer und Seminare obendrein zu aufwendig. So wurstelte ich jahrzehntelang mehr schlecht als recht vor mich hin.

Nun gibt Mac-TV allen Wissensdurstigen die Möglichkeit, sich kostenlos oder für wenige Cents jede Menge informative Sendungen über Hard- und Software für den Mac herunterzuladen und in Ruhe zu studieren.

Für einen langen Transatlantikflug lud ich einige dieser Filme auf meinen iPod und verbrachte damit eine vergnügliche Zeit. Die sonst endlosen Stunden vergingen diesmal wie im Fluge ....

... nicht zuletzt auch, weil Mac-TV speziell die UserIN (so heißt das ja heute) in ein Wechselbad von Zustimmung und Empörung schickt. Neben reichlicher und guter Belehrung verströmen die Mac-ker auch ein gehöriges Maß an Sexismus. Weshalb ich die Crew hier meinerseits mal etwas darüber informieren möchte, wie sie bei einem Teil ihres weiblichen Publikums rüberkommen. Vielleicht hilft es ja.

Es fängt damit an, daß sämtliche Moderatoren, die ich da bisher gesehen habe, männlich sind. Nicht mal eine einzige Alibifrau zum Zweck der Imagepflege leisten sie sich, dabei legt doch die Mac community so großen Wert auf ihr moderneres, smarteres, kurz: alternatives Image.

Ein netter Herr namens Dirk Speder erläutert in 6 instruktiven Folgen Tipps und Tricks für den Umgang mit Word. Die Funktion »Serienbrief« erklärt er anhand eines sinnigen Beispiels: »Nehmen wir an, Sie machen einen Ausflug. Jeder hat 35 € eingezahlt, manche aber haben mehr ausgegeben, andere wiederum weniger. Sie schicken ihnen einen Serienbrief zum Kontostand. Erst mal richten wir die Felder für die Vornamen ein, da haben wir Peter, Heinz und Josef.« Usw.

Als ich Joey später von meinen Erlebnissen mit Mac-TV erzählte, meinte sie spontan zu dieser Herrenpartie: »Die sind wahrscheinlich ins Bordell gegangen.« Allerdings waren dafür die Ausgaben etwas gering, fanden wir. Vielleicht war es ein Trip in ein Bordell mit besonders »billigen« Sexsklavinnen aus dem Osten.

Ja diese Beispiele – sie verraten viel über die geistige Möblierung ihrer Produzenten. Ich habe das schon 1983 in einem Aufsatz vorgeführt: »Sie sah zu ihm auf wie zu einem Gott: Das Duden-Bedeutungswörterbuch als Trivialroman« (zuerst erschienen in *Das Deutsche als Männersprache*, Frankfurt/M. 1984). Die Duden-Redaktion hatte nach Jahren ein Einsehen und wandelte u. a. den Satz »Ich bin von der dicken schwitzenden Frau abgerückt« ab in »Ich bin von dem dicken schwitzenden Mann abgerückt.« Originalität ist halt nicht jedermanns Sache.

Besonders ergiebig für eine Analyse aus feministischem Blickwinkel ist der Mac-TV-Chefmoderator Jörn Dyck. Bei der Erläuterung der automatischen Korrekturfunktion steuerte er folgende Idee bei: »Also das ist wahnsinnig praktisch, wenn man grad ne neue Freundin hat und schreibt ›Liebste Sabine‹, dabei heißt die jetzt Christine – zack, sofort global geändert. Müßte man eigentlich betriebssystemweit organisieren, daß auch die Emailadresse sofort geändert wird, ja, echt praktisch, ja.«

Was die lerneifrige Userin hier lernt: Wie im vorigen Beispiel rechnen die Herren nur mit männlichen Benutzern. Daß sie sich außer Männern vielleicht noch Lesben vorstellen, die ihrer »liebsten Christine« schreiben wollen, ist eher unwahrscheinlich. Nein, sie haben die Frau als Userin einfach nicht im Blick; sie kommt ihnen nur als auswechselbare Gespielin in den Sinn. Die Rotation ist dabei anscheinend so hektisch, daß der Herr leicht mal den Überblick verliert, aber die Word-Korrekturfunktion hilft ihm durchgreifend und zuverlässig. Oder, falls mann die Damen nicht gleich löschen, sondern lieber sammeln will, empfiehlt sich vielleicht ökonomische Beschickung mit Liebesworten per Serienbrief? Und effektive Verwaltung per Datenbank? Nur so als Anregung.

Zum Schluß sah ich mir noch den Lehrfilm über den »Automator« an, ebenfalls ein Mac-Programm. Die Herren hatten sich wieder ein schönes Beispiel ausgedacht. Sie hätten da eine tolle Webseite mit Bildern schöner Damen entdeckt. Die wollten sie sich jetzt mal alle automatisch runterholen, schön genießen und danach alle automatisch wieder löschen. Und sie schritten stolz ans Werk, um den anderen Mac-kern zu zeigen, wie mann's macht.

Ich hatte nun genug von der Männerkumpanei und wandte mich wieder meiner Lektüre zu: Salka Viertels Memoiren mit dem schönen Titel »Das unbelehrbare Herz«. Das ist doch schon eher was nach dem Herzen einer Frau.

Gänzlich unbelehrbar ist mein Herz ja nicht – aber die Jungs mit ihrer schlichtsinnigen Mackerei erzeugen doch viel Widerwillen, so daß es oft Überwindung kostet, auch ihren brauchbaren Mitteilungen noch Aufmerksamkeit zu schenken.

Nachtrag: Diese Glosse löste eine lebhafte Diskussion über den Beitrag von Frauen und Männern zur Informatik aus. Viel wichtige Informationen dazu bringt die Frauen-Informatik-Geschichte der Uni Bremen (www.frauen-informatik-geschichte.de/).

Juli 2007

Männlichkeiten

In den 90er Jahren war der Dekonstruktivismus im Volk angekommen; wir lernten, daß es nicht nur *die* Literatur gibt, sondern *viele* Literaturen. Die Feministinnen sprachen nicht mehr nur von Männlichkeit, sondern von verschiedenen Männlichkeiten, »masculinities«. Die Männlichkeit von Hooligans unterscheidet sich z. B. erheblich von derjenigen buddhistischer Mönche.

Ich hatte in den letzten Tagen reichlich Gelegenheit, zwei sehr unterschiedliche Männlichkeiten zu studieren.

Zum einen gab es in Boston, wo ich mich gerade aufhalte, massives Getöse wegen der sogenannten *World Series* (was trotz des weltumspannenden Namens nur »(nord)amerikanische Baseball-Meisterschaft« bedeutet): Die *Boston Red Sox* hatten es wieder bis in die Endspiel-Serie gebracht.

Baseball hat mich nie interessiert; ohne Kenntnis der Regeln ist das Zuschauen langweilig bis eklig, und zum Erlernen der Regeln habe ich mir nie die Zeit genommen.

Diesmal aber hatte ich Zeit, denn meine amerikanische Familie wollte die Spiele sehen und beantwortete geduldig alle meine Fragen, auch die dümmsten.

Es gefiel mir, daß der Jugendwahn sich beim Baseball in Grenzen hält; die Spieler waren gestandene Männer.

Spannend auch, daß fast alle Spieler mehrere Funktionen haben und entsprechende Fertigkeiten pflegen müssen, als Schläger, Fänger, Läufer, Mittelfeldspieler usw.

Eigentlich ein schönes Spiel – wenn die Männer nur nicht spucken würden wie die Lamas, andauernd und in Großaufnahme. Entweder mahlten sie den Kautabak stoischen Blicks zwischen ihren gewaltigen Kinnladen hin und her, oder sie spuckten um sich, und die Kamera folgte der Spucke, als wäre sie ein besonders geschickt geworfener Baseball. Fußballspieler sind ja auch berüchtigt für ihre Spuckerei, aber im Vergleich zu dem, was die Baseballspieler aus sich herausholen, ist das nur ein sanftes Nieseln.

Übrigens ist mir kein Sport bekannt, bei dem Frauen wild um sich spucken. Vielleicht kommt der Frauen-Baseball nicht recht voran, weil die Frauen das baseballgerechte Spucken nicht über sich bringen.

Schon Charles Dickens hat auf seiner Amerikareise 1842 mit Ausdauer und Abscheu darüber Buch geführt, wie die amerikanischen Männer alles mit schwarzer Kautabak-Soße überziehen. Einmal erzählt er von einem »perfect storm«, einem Spuck-Hurrikan, dem sein Mantel zum Opfer fiel. In geschlossenen Räumen müsse man durch einen schwarzen Schleim waten, in dem man leicht ausrutsche …

Die Amerikaner finden, Dickens habe mächtig übertrieben, aber wenn ich die eklige Spuckerei der Baseball-Helden der Nation sehe, kommen mir seine Schilderungen irgendwie plausibel vor, denn das Publikum scheint mit diesem Benehmen einverstanden zu sein.

Die Red Sox gewannen in Denver, und Boston bereitete ihnen zur Heimkehr einen tosenden Empfang. Es gab eine Parade, Ansprachen des Bürgermeisters, und so weiter. Während des Begrüßungsrummels waren Joey und ich gerade in der Orthopädie des *Brigham &*

Women's Hospital zwecks Nachsorge für ihr gebrochenes Handgelenk. Wir wurden in den Cast Room geschickt, wo die Verbände von zwei behutsamen Krankenpflegern angelegt oder abgenommen werden, dann in die Röntgenabteilung, und zum Schluß hatten wir eine Audienz bei der Chirurgin. In den diversen Warteräumen lief leise der Fernseher und zeigte die triumphale Rückkehr der millionenschweren Baseball-Helden – aber niemand kümmerte sich darum. Die Leute hier hatten andere Sorgen. Ich aber schaute hin und wieder hin – das Spucken hatte aufgehört, und einen der Spieler sah ich sogar lächeln; er war kaum wiederzuerkennen.

Mir gefiel die Atmosphäre im Krankenhaus, besonders die ganz andere Männlichkeit, die dort zu erleben war. Die Männer kamen hereingehumpelt und ließen sich lammfromm von den Krankenschwestern hin und her schicken, ganz wie Joey und ich. Als hilfreiche Begleiter warteten sie geduldig mit ihren alten Müttern, frisch operierten Partnerinnen oder kleinen Kindern, bis auch deren Zeit mit der Chirurgin gekommen war. Diese war tüchtig und freundlich, aber bestimmt. Ihre Sprechstundenhilfe war ein etwas ungeschickter junger Mann.

Diese Männlichkeit unterschied sich kaum von Weiblichkeit. Kein Mann spuckte schwarze Soße in den Raum.

Es heißt, daß über kurz oder lang jeder Baseballspieler in der Orthopädie landet. *Die* Gelegenheit, eine andere Männlichkeit zu praktizieren.

November 2007

Die mannhaften 68er

Zum 40jährigen Jubiläum der 68er machte Nadja Encke für das Goethe-Institut eine Umfrage unter »68ern«, d. h. Leuten meiner Generation. Hier ihre Fragen und meine Antworten, die ich inzwischen noch etwas ausgebaut habe:

Sie studierten damals an der Universität Hamburg – wie bzw. als was haben Sie die »68er« empfunden?

Die berühmte Aktion mit dem Transparent »Unter den Talaren – Muff von tausend Jahren« fand ich sehr gut. Der frische Gegenwind für die starren patriarchalen Strukturen der Universität war überfällig. Ich wollte damals gern wissenschaftliche Assistentin an der Uni werden, aber Bewerbung auf diese begehrten Posten war nicht vorgesehen. Frau mußte es statt dessen irgendwie hinkriegen, daß sie dem Herrn Professor angenehm auffiel. Also rein feudale Verhältnisse, der Professor verschenkte oder entzog wie der König seine Gunst, und von seiner Gunst hingen Karrieren und Lebenschancen ab. Diese höfischen Strukturen wurden durch die 68er abgeschafft, und das war gut so.

Was war Ihrer Meinung nach die wichtigste Veränderung in der deutschen Gesellschaft, zu der die »68er« beigetragen haben?

Die 68er studentischen Patriarchen haben durch ihr Macho-Verhalten dazu beigetragen, daß die Frauen sich abspalteten und endlich anfingen, ihr eigenes Süppchen zu kochen, nachdem sie den Herren noch die berühmte Tomate geopfert hatten. Also: Die wichtigste Veränderung war der Beginn der zweiten Frauenbewegung in Deutschland und anderswo. Wie diese ersten Ansätze wiederum von den 68er Patriarchen behindert, usurpiert und umfunktioniert wurden, hat Helke Sander in ihrem Bericht über die Entstehung der Kinderläden gerade sehr anschaulich beschrieben (www.helke-sander.de, Links auf »MitDenkFiliale« klicken).

Woraus bestand Ihr persönlich wichtigster Beitrag zu den Umwälzungen der »68er«?

Ich war 1968 mit der Wohnungssuche für mich und meine Partnerin beschäftigt, die querschnittgelähmt und Rollstuhlfahrerin war. Die Wohnungssuche für eine Frau mit Behinderung war zu der Zeit dermaßen anstrengend, daß für irgendwelches politisches Engagement einfach keine Kraft blieb – und das soll durchaus eine politische Aussage sein.

Ich hatte außerdem immer das Gefühl, was die Männer da veranstalten, hat mit meinen Sorgen überhaupt nichts zu tun. Ich engagierte mich erst ab Mitte der 70er Jahre politisch, und zwar in der Frauenbewegung.

Wie sehen Sie die »68er« heute – etwa im Hinblick darauf, daß sie in manchen Publikationen zu einem Mythos stilisiert werden?

Ich sehe die 68er Bewegung im wesentlichen als eine jugendliche Männerbewegung, die den alten etablierten Männern die Macht entreißen wollte. Als das einigermaßen gelungen war, waren die 68er zufrieden und wurden genau wie diejenigen, die sie zuvor bekämpft hatten. Frauen kamen in dem ganzen Theater eigentlich kaum vor, deshalb hat mich die Bewegung damals und bis heute nur wenig interessiert.

Die angeblich ebenfalls von den 68ern initiierte sexuelle Befreiung diente auch vorwiegend männlich-heterosexuellen Interessen und machte weibliche sexuelle

Verfügbarkeit möglichst schon ab dem Kindesalter zur Norm – alles andere galt als »verklemmt«. Der berühmte Spruch »Wer zweimal mit derselben pennt, gehört schon zum Establishment« macht ja auch sehr deutlich, daß die Frau von dem Penner eher wie Klopapier angesehen wurde, das man ja auch nicht zweimal benutzen sollte. Pennerinnen, die nicht zweimal mit demselben pennen sollten, waren nicht vorgesehen. Und eine lesbische Lesart für »mit derselben pennen« dürfen wir wohl ausschließen.

Die sexuelle Befreiung der Frauen (ob hetero oder lesbisch) wie auch der schwulen Männer kam erst sehr viel später und in Abgrenzung von den 68ern in Gang.

Der akademische Flügel der Frauenbewegung mußte noch bis in die 90er Jahre warten, bis er, stark gebändigt, mit »Genderforschung« zum Zuge kam. Die erste Generation feministischer Universitätslehrerinnen wurde von den Ende der 70er Jahre schön etablierten 68ern erfolgreich aus der Uni hinausgedrängt.

Inzwischen hat sich, glaube ich, der Frauenanteil bei den Professuren verdoppelt oder sogar verdreifacht: Von zwei bis vier auf satte acht Prozent! Ausführlich nachzulesen bei Ruth Großmaß (»Wissenschaft – immer noch ein für Frauen fremdes Terrain?«, s. www.querelles-net.de/forum/forum23/index.shtml). Wenn die untersten Ränge der Professuren mitgezählt werden, sind es sogar 12 Prozent. Entzückend.

Luise F. Pusch

Januar 2008

Schluß mit der Duldungsstarre

Berit, Angelika, Juanita und ich saßen kürzlich mal wieder gemütlich im Restaurant bei Flammkuchen und Bier; diesmal feierten wir das Erscheinen von *Die Eier des Staatsoberhaupts*. Berit hatte mir Stoff für die nächste Glosse mitgebracht – ein verrücktes Wort, das sie eben erst kennengelernt hätte: *Duldungsstarre*.

Uns schwante nichts Gutes, wir konnten uns schon allerlei Unschönes denken. Frau ist ja nicht weltfremd. Wir alle kennen den Rat »Augen zu und an England denken«, den viktorianische Mütter ihren Töchtern für die Hochzeitsnacht mitgaben.

Berit zog einen Zettel aus der Tasche und las vor: »Die Duldungsstarre bezeichnet einen Zustand vor allem weiblicher Säugetiere ... während der Begattung durch das Männchen. Dabei verharrt das Weibchen in einer für die Penetration günstigen Stellung, bis der Geschlechtsakt vollzogen ist. Beim Schwein wird die völlige Apathie durch ein Duftdrüsen-Sekret des Ebers ausgelöst.« (Aus Wikipedia)

Das erinnerte uns fatal an sogenannte »Date Rape Drugs« – »Drogen, mit denen die Opfer hilflos bzw. willenlos gemacht werden, sodass sie nicht imstande sind, sich einem Geschlechtsverkehr zu widersetzen. Oftmals können sie sich nicht mehr erinnern, was geschah. Die Drogen sind normalerweise farblos, ohne Geruch oder Geschmack und können somit leicht ohne das Wissen des Opfers in Getränke gemischt werden.« (Zitiert nach http://www.drogen-wissen.de.)

Also von den Ebern haben die Unholde sich das abgeschaut.

Ich hatte auch ein neu gelerntes Wort beizusteuern, *Gattenekel*, geprägt von Thomas Mann und quasi das Pendant zur *Duldungsstarre*. Manns Schwester Julia war morphiumsüchtig, und sie brauchte die Droge anscheinend, um ihren *Gattenekel* zu überwinden und ihre *Duldungsstarre* selbst herbeizuführen. Als auch das nicht mehr half, brachte sie sich um. Dazu Thomas Manns Sohn Golo in seinen Erinnerungen: »Wenn [in dem Roman *Lotte in Weimar*] ... im inneren Monolog Goethes die Schwester Cornelia an ›Gattenekel‹ leidet, so litt Julia auch daran, und wer den Hofrat Löhr kannte, mag es begreifen. Ihre Neigung zum Morphium ... kam von daher; was der Bankier nur zu oft von ihr wollte, konnte sie ohne das erlösende Gift nicht prästieren.«

Deutliche Worte, wie wir Frauen sie aus Männermund höchst selten vernehmen. Wahrscheinlich waren Mann Vater & Sohn nur deshalb dazu fähig, weil sie als Schwule die »ehelichen Pflichten/Freuden« selber skeptisch sahen.

Arme Julia. Armes Schwein. Aber Julia noch mehr – anders als die arme Sau nahm sie dem Ekelgatten sogar noch die Arbeit der Narkotisierung ab.

Also Mädels: Schluß mit der Duldungsstarre. Augen auf, und an uns selber denken! Und gegen Gattenekel hilft zuverlässig eine Scheidung.

April 2008

Herrenausstatter

Am Mittwoch flog ich mit der Lufthansa nach Boston. Im Bordmagazin entdeckte ich eine Anzeige von *herrenausstatter.de* für Schuhe der Firma Lloyd. Ich blieb daran hängen, weil mein Stiefvater, der früher Manager war, nur Lloyd-Schuhe trug. Sie waren schon damals

»angesagt«. Er ist seit 20 Jahren in Rente, heute trägt er lieber weiche Lederschlappen und bequeme Wolljacken, über die er früher nur müde lächeln konnte.

Lloyd-Schuhe erkennen nur Kenner, und zwar an dem roten Streifen *unter* dem Schuh. Wenn das kein feines britisches Understatement ist. Allerdings kommen die Schuhe aus Sulingen in Niedersachsen.

Die Anzeige weckte unangenehme Erinnerungen an viele familiäre Auseinandersetzungen über das richtige Outfit. Ständig legte mein Stiefvater mir Gertrud Höhler als Vorbild ans Herz. Wenn ich so klassisch elegant aufträte wie sie, könnte ich für meine Vorträge auch viel mehr Geld verlangen.

Mag ja sein, aber *Spielregeln für Sieger* waren gar nicht mein Thema, und überhaupt wollte ich lieber wie Luise F. Pusch auftreten. Die Fans saßen immer schon in der ersten Reihe und schlossen Wetten ab: »Heute hat sie wieder diese Gesundheitskähne von Dr. Scholl an.« – »Nein, die ollen Birkenstockschuhe« – und ich habe sie nur selten enttäuscht. Das bequeme Leben wollte ich lieber schon gleich, nicht erst als Rentnerin.

Während ich so meinen Erinnerungen nachhing, rückte das ulkige Wort *Herrenausstatter* mehr und mehr in den Vordergrund meines Bewußtseins – bis heute hat es mich nicht losgelassen.

Ausstatter oder *Ausrüster* (engl. *outfitters*) bieten alles, was mann so braucht für den sportlichen Wettkampf oder die Jagd. Offizielle *Ausstatter* der derzeitigen Fußball-EM sind Adidas, Nike und Puma.

Der Herr von Geblüt trägt heute keine *Rüstung* mehr, aber *ausgerüstet* wird er immer noch für den täglichen Kampf gegen die Rivalen. Die Einzelheiten seines Outfits signalisieren ihnen nachdrücklich die Klasse des Trägers (wie beim Hirsch die Art des Geweihs). Deshalb braucht der Herr die feinsinnige Beratung seines

Herrenausstatters bei der Auswahl all der Signale, die von seinem Status künden sollen.

Wir Frauen mögen lachen über das sterile Grau der Geschäftswelt – das beweist nur, daß wir keine Ahnung und z.B. nicht genügend unter den Schuh geblickt haben, wo der rote Streifen doch allen Insidern eindeutig von Lloyd und der Hochpreisigkeit des Schuhbesitzers kündet!

Mit Lloyd-Schuhen, Armani-Krawatten und Joop!-Hemden signalisiert der Mann seinen Anspruch auf einen gehobenen Platz in der Männerhierarchie. Diese Aufklärung über den todernsten Code des richtigen Anzugs und der richtigen Accessoires für den Herrn verdanke ich dem Buch *Games Mother Never Taught You: Corporate Gamesmanship for Women* von Betty Lehan Harragan (1977).

Von der Startseite von *herrenausstatter.de* führt ein Link zu *damenausstatter.de*, aber nicht umgekehrt. Klickt frau sich rüber zu *damenausstatter.de* wird sie sogleich mit einer Dame im BH konfrontiert. *Herrenausstatter.de* dagegen startet mit teuren Hemden, Anzügen, Schuhen und Krawatten edelster Marken. Das ist wohl so zu verstehen: Zur Ausstattung des Herrn gehört natürlich auch (mindestens) eine Dame, möglichst sexy sollte sie sein, dabei standesgemäß gekleidet. Auch da ist der Herrenausstatter gern behilflich. Wir kennen ja den Film *Pretty Woman*: damit die Edelprostituierte mit ihren billigen Klamotten nicht den Status ihres reichen Freiers untergräbt, wird sie erst mal zum »Damenausstatter« geschickt.

Als ich Joey vom *Herrenausstatter* erzählte, lachte sie laut und rief: »Herrenbestatter«.

Genau! Eine echte Marktlücke.

Juni 2008

Musik

Inniger

Um Ostern herum hörten wir jede Menge Bachkantaten. Aus der Stadtbibliothek hatte ich mir die CDs der Ton-Koopman-Gesamtaufnahme stapelweise ausgeliehen. Wie üblich hatte ich nicht die Muße, mich in die Musik hineinzuversenken, wie es sich gehört hätte. Ich hörte sie vielmehr immer nur auf dem Sprung, mit halbem Ohr. Trotzdem blieb *ein* entscheidender Eindruck hängen: Bei Ton Koopman klingen die Bachchoräle inniger, wärmer, fast würde ich sagen: gläubiger – so, wie Bach sie sich vermutlich gedacht hat. Bis dahin hatte ich die Bachkantaten überwiegend in der Billigversion von Jan Pieter Leusink eingenommen, mit dem Holland Boys Choir und sehr guten SolistInnen. Eine brauchbare Einspielung zum Kennenlernen.

Boys will be boys …

Innigkeit und Wärme ist wohl nicht ihre große Stärke.

Jedenfalls löste sich das Rätsel meines spontanen Eindrucks, als ich mir mal die Besetzung der Koopman-Aufnahmen ansah: Es singt ein gemischter Chor.

Nichts gegen männliche Altstimmen, Solisten wie Andreas Scholl höre ich sehr gern.

Aber es ist schon erstaunlich, was so ein paar richtige Frauenstimmen in einem Bachchoral für Wunder wirken können, Werktreue hin oder her.

Mai 2006

Lili Marleen
oder Dürfen Frauen Männerlieder singen?

Auf *www.tamino-klassikforum.at* unterhalten sich 13 Männer und eine Frau über das Thema, ob Frauen z.B. Schuberts »Winterreise«, Schumanns »Dichterliebe« oder Mahlers »Lieder eines fahrenden Gesellen« singen dürfen.

Nachdem Männer in der Oper von Monteverdi bis Gluck zahllose Frauenrollen gesungen haben (Sängerinnen und Schauspielerinnen auf öffentlichen Bühnen waren damals verpönt), ohne sich die Frage zu stellen, ob sie das »dürfen«, wirkt diese Frage auf eine Frau schon etwas seltsam – sie wird von den 13 Männern aber sehr ernsthaft erörtert.

Über hundert Jahre lang haben Sängerinnen sich m.W. an das ungeschriebene Gesetz gehalten, daß diese »Männerzyklen« »männliches Eigentum« sind. Die erste, die gegen die Regel verstieß, war Lotte Lehmann, die sich auch sonst allerlei herausnahm und die letzten 37 Jahre ihres Lebens mit einer Frau verbrachte. Auch Christa Ludwig, Brigitte Fassbaender, Janet Baker und Jessye Norman haben die »Männerlieder« einfach gesungen. Sängerinnen der allerersten Garnitur also, die sich nicht mit den »Frauenzyklen« à la »Frauenliebe und -leben« bescheiden mochten.

Was lesen wir nun aber über diese kühnen Taten im Tamino-Klassikforum?

> Auch wenn ich die Winterreise einst mit Christa Ludwig im Musikverein hörte, sicher einer der besten Interpretinnen dieses Zyklus – Ich bin der Meinung das sollte nur ein Mann singen.

> meinen persönlichen Geschmack trifft es nicht, wenn Schubertlieder … von den Damen gesungen wer-

den. …. Verbieten kann und darf man es natürlich nicht
Als ich »Trockene Blumen« von Schubert mit einer Frauenstimme gehört habe, fand ich das intuitiv sofort »unpassend«. Das gilt auch für andere Lieder aus »Die schöne Müllerin«.

Da man den Sinn der Texte doch halbwegs beachten sollte, und eine Identifikation der Interpreten mit dem Text selbstverständlich sein sollte, ist das Besingen lesbischer Liebe noch nicht so alltäglich für mich …

Die Dichterliebe von Schumann ist für mein Empfinden ein Zyklus für die hohe oder mittlere Männerstimme, Tenor oder Bariton also. Einzelne Lieder wie »Ich hab im Traum geweinet« sind schon frauentauglich … Doch der komplette Zyklus ist für einen Mann.

Es gibt sicher einige hier sogenannte »Männerlieder« die auch von Frauen sehr schön klingen aber ich muss ganz ehrlich sagen dass es mir gefühlsmäßig nichts gibt! Die Winterreise von einer Frau ergreift mich einfach nicht und macht auch keinen Sinn.

vielleicht könnte frau ja singen: das männchen sprach von Liebe …

Und gerade dieses Lied (Erlkönig) finde ich ein Lied, daß nur Männer singen sollen. Ich habs sowohl Männer als Frauen singen hören. Und bei den Frauen vermisse ich etwas. Laßt mich das mal »Tiefe« nennen.

Es sei nicht verschwiegen, daß 5 Männer und auch die einzige Frau der Diskussionsrunde nichts dagegen haben, wenn Frauen »Männerlieder« singen. »Grimgerdes Schwester« erinnert an das menschliche Abstraktionsvermögen:

> Wenn man sich durchliest, was die meisten Sängerinnen darüber sagen, wird man feststellen, dass sie abstrahieren. Es geht weniger darum, wen man da besingt, sondern darum, was man empfindet. Aber selbst wenn da nicht abstrahiert würde – ist das ein Problem?

Da wird ihr nun aber ganz energisch widersprochen:

> Abstrahieren kann der Künstler. Vielleicht. Aber kann das Publikum es auch? Denn es geht ja um die Interaktion zwischen Sänger(in) und Publikum. Es ist schon öfter in diesem Forum gesagt worden. Hier gibt es nicht den Durchschnittshörer. Was man Taminomitgliedern zumuten kann, darf man nicht Otto Normalverbraucher zumuten.

Otto Normalverbraucher? Das Publikum?

Sie haben diese Scheinfrage schon vor fast 70 Jahren, im Zweiten Weltkrieg, klar entschieden:

Das Lied »Lili Marleen« von Hans Leip, gesungen von Lale Andersen, war das Lieblingslied der Frontsoldaten. Sie waren so süchtig danach, daß sie massenhaft protestierten, als der Soldatensender Belgrad es nicht mehr regelmäßig zum Abend sendete. Daß es ein »Männerlied« ist (im Text sehnt sich ein Mann nach seiner Lili Marleen), scherte sie kein bißchen. Die meisten Soldaten werden sich nach einer oder ihrer Frau/Freundin gesehnt haben. Diese Sehnsucht linderte Lale Andersens Stimme.

Können Millionen irren? Noch dazu ausgerechnet Soldaten, in so einer »delikaten« Frage?

Juli 2007

Die Mutter aller Geiger

Letzte Woche sah ich im Fernsehen ein faszinierendes Interview mit Anne-Sophie Mutter, der »erfolgreichsten Geigerin der Welt«, wie es in Gero von Boehms Ankündigung hieß: »geboren 1963, verwitwet, geschieden«.

Das Interview fand statt in der edlen Architektur der Münchner Pinakothek der Moderne. Im Hintergrund zogen die Werke der Ausstellung »Female Trouble« vorbei – Auseinandersetzungen von Fotografinnen mit Klischees über die Frau.

Die Geigerin, einfühlsame Interpretin und konsequente Förderin zeitgenössischer Musik (meist von Männern), stellte über die zeitgenössischen Kunstwerke der Frauen nebenbei und amüsiert fest, sie habe vor allem Brustpanzer und Backenbärte wahrgenommen (das war vermutlich Cindy Sherman in einigen ihrer Verkleidungen).

Das Interview war im übrigen ein schöner Beleg für die alte Erkenntnis, dass die Frau dem Mann rhetorisch überlegen ist.

Boehms zudringliche Fragen nach ihrem Privatleben parierte die Künstlerin gekonnt und mit unerschütterlicher Freundlichkeit: Boehm: »Wenn Sie mit ihm (Karajan) allein waren, auf seinem Zimmer oder wo auch immer – gab es da so etwas wie eine sinnliche Spannung auch zwischen Ihnen? Ich mein, Sie waren ein wunderschönes junges Mädchen, er war ein supergut aussehender älterer Herr – ich meine, warum nicht?« (Übrigens war der »ältere Herr« in der fraglichen Zeit fast siebzig und das Wunderkind Anne-Sophie grade mal vierzehn – ja warum denn nicht??!!)

Mutter kontert mit dem Hinweis, ihre Tochter sei eine wunderschöne junge Frau, sie aber sei als Teenager »sterbenshäßlich gewesen, schrecklich gekleidet, hatte diese Wolle auf dem Schädel ...« (Über das bestrickende, pummelige und ernsthafte Geigenwunderkind sollte niemand so herziehen!) Sie hätte Karajan natürlich endlos bewundert, eine Art Gott sei er für sie gewesen, sicher sei sie auch in ihn verliebt gewesen ... Er hätte wohl in ihr eine Art Tochter gesehen, sie sei ja altersmäßig auch genau zwischen seinen beiden Töchtern.

Boehm: Die Männer in Ihrem Leben waren eigentlich immer sehr viel älter als Sie selbst.

Mutter (lacht schelmisch): Also – Sie kennen nicht *alle* Männer in meinem Leben. ... Alter ist mir völlig wurscht. Wenn ich fasziniert bin von einem Mann, dann ist es nicht nur der knackige Hintern. Der ist natürlich auch nicht von der Hand zu weisen – aber dann ist es die Seele, die Person, der Geist, die Lebenshaltung.

(...)

Boehm: Ich denke manchmal, wenn ich Sie spielen sehe, aber auch wenn ich die Augen zumache und nur zuhöre, daß Musik vielleicht so eine Art Religion für Sie ist. Kann das sein?

Mutter: Es ist sicher mehr als das – Religion schließt einfach zu viele Menschen aus.

Boehm: Sie sagen, Musik ist vielleicht sogar mehr als Religion. Ist Musik auch mehr als Liebe?

Mutter (denkt nach, lacht): Na ja, die Liebe übertrifft natürlich alles – da reicht nichts heran.

Boehm: Und das braucht man?

Mutter: Ich denke schon, ja.

Boehm (lauernd): Und das haben Sie?

Mutter (lacht): Also Herr von Boehm, wir bewegen uns hier auf sehr privatem Gebiet. Liebe hat viele Gesichter. Ich liebe meine Kinder über alles. Und ich sehe meine Lebensaufgabe darin, ihnen eine einigermaßen verständnisvolle, gute Mutter zu sein, und wenn ich nebenher auch noch ein Künstler sein darf, der neue Werke ins Leben bringt und ein paar Waisenhäuser baut, dann bin ich da schon ganz glücklich.

Boehm: Aber man will ja nicht nur dafür geliebt werden, man will doch auch als Mensch geliebt werden.

Mutter: Ja unbedingt, ich will überhaupt geliebt werden, 24 Stunden am Tag. (Lacht herzlich.) Da unterscheide ich mich von niemandem.

Boehm gibt erst mal auf und schneidet das nächste Thema an. Sie stehen vor einem Foto einer barbusigen Frau mit einer Maske:

Boehm: Würden Sie sich manchmal – nicht gerade so, aber doch: maskieren, wenn Sie in der Öffentlichkeit sind, zum Beispiel?

Mutter: Nein, ich wüßte nicht warum – Ich glaube, ich seh normal schon maskiert aus.

Boehm (völlig entgeistert): Wieso das??!!

Mutter (lacht): Nein – ich meine – die Normalität ist die Maske.

Sie sagt viele schöne, kluge, liebenswerte Dinge – und redet dabei über sich die ganze Zeit stur im Maskulinum:

Skulpturen sind auch etwas, was mich sehr berührt, weil ich als *Streicher* mich als *Klang-Skulpteur* empfinde.

Flow – hab ich auch schon erlebt als *Bergsteiger*!

... Große Momente für mich als *Musiker*

... Was ich mir als Mensch, als Frau, als *Musiker* wünsche

Ich wollte, daß es schön klingt – das war mein großes Ziel schon als *Anfänger*

[Die Freundschaften mit Komponisten] haben mir auch eine Sicherheit gegeben, daß ich persönlich sein darf als *Interpret*, also weit über das hinaus, was nun das Spiel der Noten angeht, mich auch selbst einbringen soll.

Sie denkt wohl, mit ihrer hinreißenden Kunst, ihrer umwerfend weiblichen Ausstrahlung und dem ebensolchen Namen hat sie schon genug getan! Das sehen wir aber ganz anders, Frau Mutter! Sie wollen doch, »daß es schön klingt«.

Eine andere Erklärung: Anne-Sophie Mutter ist erstaunt über die Bezeichnung: »erfolgreichste Geigerin der Welt« und ergreift knirschende Gegenmaßnahmen. Tatsächlich ist sie ja weit mehr als »die erfolgreichste Geigerin der Welt«, nämlich: »the world's greatest violinist«. Diese Idee läßt sich im Deutschen leider nur dann reibungsfrei zur Sprache bringen, wenn es sich um einen Mann handelt. Female Trouble!

Aber deswegen muß eine Frau, die auf sich hält, sich nicht gleich einen sprachlichen Backenbart ankleben.

September 2008

Paare

Landsfrau Maxima

Heute im Spiel Holland gegen Argentinien in Frankfurt, zweite Halbzeit. Reporter Béla Réthy kommentiert einen Schwenk der Kamera auf Diego Maradona, der umringt von seinen Bodyguards auf eine Frau zusteuert. »Ist ja nicht viel zu sehen wegen seiner Körpergröße, aber es passiert nichts Schlimmes«, stellt Réthy beruhigend fest, »nur Küßchen Küßchen mit seiner Landsfrau, Prinzessin Maxima aus Argentinien.«

Früher gab es auf der einen Seite Landfrauen, also Bäuerinnen, Gutsbesitzerinnen usw., und auf der anderen Seite Landsmänninnen. Prinzessin Maxima wäre noch vor wenigen Jahren eine »Landsmännin« Maradonas gewesen. Dies Wort aber scheint Réthy gar nicht mehr zu kennen oder aber wegen Verschrobenheit abzulehnen, wie wir es unter lautem Gezeter der Sprachwächter schon vor 30 Jahren taten. Eine Frau ist keine Männin, weder eine Amtmännin noch eine Landsmännin. Und Réthy führt uns vor, ganz nebenbei, denn natürlich ist sein eigentliches Thema der Fußball, wie der coole Typ von heute das handelt.

21. Juni 2006

Der Kaiser sagt Ja

Ein Kernsatz der feministischen Sprach- und Gesprächsanalyse besagt, daß Herrschaft nicht einfach vom Himmel fällt, sondern hergestellt wird und immer wieder, durch zahllose kleine Einzelhandlungen, hergestellt werden muß, um sich zu halten.

In dem unten abgebildeten Artikel aus der *Neuen Westfälischen* vom 23. Juni 2006 wird vorgeführt, wie es gemacht wird. Ein Lehrstück, hervorragend geeignet zu Demonstrations- und Studienzwecken in Schule und Universität, denn der Text versammelt auf kleinstem Raum fast alle sprachlichen Mittel, mit denen männliche Dominanz etabliert wird.

Der Kaiser sagt Ja

Franz Beckenbauer hat seine Heidi geheiratet

Heimliche Hochzeit: *Franz Beckenbauer und Heidi Burmester noch unverheiratet beim Spiel Schweden gegen England.* FOTO: AP

■ **Berlin** (dpa). Am letzten Gruppenspieltag hat Franz Beckenbauer für die große WM-Überraschung gesorgt: Völlig unerwartet heiratete der Chef des Organisationskomitees am Freitag seine Lebensgefährtin Heidi Burmester, wie die *Bild-Zeitung* berichtete und ein Freund Beckenbauers bestätigte. Die beiden hätten sich um 12.30 Uhr im Standesamt Oberndorf bei seinem Wohnort Kitzbühel in Österreich das Ja-Wort gegeben. „Wir wollten wirklich nur für uns sein, wollten jeden Rummel vermeiden", sagte Beckenbauer. Heidi, seine dritte Ehefrau, sagte: „Wir sind einfach nur glücklich." Die Hochzeit des Fußball-„Kaisers" mit Heidi Burmester war seit langem geplant, allerdings erst nach dem WM-Finale am 9. Juli.

Es geht um eine Heirat. Für diesen Vorgang hält die deutsche Sprache verschiedene Ausdrucksformeln bereit:

1) *Franz heiratet Heidi* oder
2) *Heidi heiratet Franz* oder
3a) *Heidi und Franz heiraten* oder
3b) *Franz und Heidi heiraten*

Die dritte Formulierung ist sprachlich gerecht, durch Erstnennung kann mann der Dame sogar galant den Vortritt lassen.

Keine dieser Möglichkeiten wählt der Text für die Überschrift, sondern: »Der Kaiser sagt Ja« – eine eigentümliche Abwandlung der etwas altbackenen Formel »Sie gab ihm ihr Jawort«. Hier gab *er* also *ihr* sein Jawort, so als habe sie, in Umkehrung der Tradition, um seine Hand anhalten, ja geradezu darum betteln müssen, und als habe der begehrte Preisbulle schließlich ihrem Drängen nachgegeben. Von Heidi Burmester ist in der Überschrift schon gar nicht die Rede, der Kaiser tritt alleine auf und sagt alleine Ja. Ob sie Ja oder Nein oder überhaupt was zu sagen hatte, erfahren wir nicht.

Auch in der Unterzeile erfahren wir nur, daß Franz Beckenbauer, der mit vollem Namen auftreten darf, »seine Heidi«, die hier nur per Vornamen vorgeführt wird wie eine Kuh (die haben auch keine Nachnamen), geheiratet hat.

Heidi Burmester wird ja in ihrem Leben vielleicht auch etwas anderes getan haben, als um die Hand des Kaisers zu betteln, aber wir erfahren es nicht. Er dagegen wird uns vorgestellt – als ob wir es nicht wüßten – als »der Kaiser« und »Chef des Organisationskomitees«. Höher gehts nimmer.

Das Bild unterstreicht diese Verhältnisse noch einmal nachdrücklich: Wer hier oben und wer unten ist, wird niemandem verborgen bleiben.

Juni 2006

Edo und seine männliche Endung

Am 20. Oktober 2006 berichtet Edo Reents in der FAZ mit milder Ironie über das »Festspiel der deutschen Sprache« auf der Rudolstädter Heidecksburg, das die Kammersängerin Edda Moser organisiert hatte. Er lobt Edda Moser, die zur Begrüßung sagte, man habe sich versammelt »im Gedenken an einen kranken Freund«, und diesen Freund wolle man gesund pflegen.

Was Edo an Edda so angenehm auffiel, war folgendes:

> … ein guter Anfang, weil Frauen normalerweise eher bei der Hand sind mit diesen albernen Femininum-Endungen – denn dieser Freund war und ist natürlich die deutsche Sprache, die man vor ihrem Todfeind, dem Anglizismus, schützen will.

Mich hat es natürlich geschmerzt, daß unsere Freundin, die deutsche Sprache, hier ganz unnötig vermännlicht wurde, und die »albernen Femininum-Endungen« gefielen mir schon gar nicht. Deshalb wollte ich folgenden Kommentar an die FAZ-online schicken, die mich mit »Lieber FAZ-online-User« ansprach. Ich versuchte mich trotzdem einzuloggen, aber die Software akzeptierte mich nicht. Vielleicht, weil ich als Anrede »Frau« angeklickt hatte?

Ich werde Herrn Edo also meinen Leserinnenbrief per Snailmail schicken. Sie können ihn schon hier lesen:

> Hallo Edda Reents,
> in Ihrem Artikel über die sprachpflegerischen Aktivitäten Edo Mosers bekommen wir Frauen gleich anfangs einen Ihrer Seitenhiebe, an die wir uns schon gewöhnen mußten. Wieso sind Femininum-Endungen denn albern?
> Und was ist mit den maskulinen Endungen? Auch albern?

Helfen sie uns nicht, die Geschlechter auseinanderzuhalten, wie es auch heute noch verlangt wird, trotz des tapferen Wilhelm Wieben, der »großen alten Dame der Tagesschau«, die Sie in Ihrem Bericht erwähnten? Wenn Edo keine maskuline Endung hätte, könnte frau ihn glatt mit Edda verwechseln.
Und umgekehrt.
Freundinlich
Luise F. Pusch (Verfasserin der Bestsellerin *Das Deutsche als Männersprache*, Frankfurt/M. 1984.)

Oktober 2006

Sag mir, wo die Frauen sind – wo sind sie geblieben?

Wo die Frauen sind? Bei FemBio (www.fembio.org). Hier werden keine Frauen ausgeblendet, weil sie nicht ins Bild passen.

Im Mai feierten wir den 100. Geburtstag zweier großer US-Amerikanerinnen, Katharine Hepburn und Rachel Carson. Im Juni wäre Katharine Graham (»Mrs. Watergate«) 90 geworden. Natürlich wurden und werden sie alle auf FemBio ausführlich gewürdigt.

Auch in der Männerpresse erschienen Porträts. Freundinnen haben mir schon des öfteren *dieStandard.at*, die feministische Ablegerin der österreichischen Tageszeitung *Der Standard*, ans Herz gelegt. Dort fand ich die Porträts, um die es im folgenden geht. Sie waren aus *Der Standard* übernommen und von Männern geschrieben (Klaus Taschwer über Rachel Carson, Michael Freund über Katharine Graham; bei Hepburn wird als Quelle APA/dpa angegeben).

Die Porträts in der Männerpresse unterschieden sich von den FemBiographien in einem entscheidenden Punkt. Die intensiven Beziehungen, die Carson und Hepburn mit Frauen hatten, werden nicht erwähnt. Bei Carson stehen ihre epochalen Leistungen im Vordergrund, menschliche Beziehungen scheint sie keine gehabt zu haben. Bei Hepburn wird außer ihren Leistungen ihre Beziehung zu Spencer Tracy gewürdigt, nicht die zu Laura Harding (»Wieviel Kraft hat sie mir gegeben. Ihr verdanke ich meinen Sinn für Feinheiten. Ich fand sie hinreißend, und sie überzeugte mich, daß ich es sei.«) oder Phyllis Wilbourn, Gefährtin ihrer zweiten Lebenshälfte: »Immer da, vierundzwanzig Stunden am Tag, sieben Tage die Woche. Für alle Zeiten.« (K. Hepburn)

Auch bei Katharine Graham wird der Mann in ihrem Leben, Philip Graham, mit erwähnt, nicht aber, was er ihr mit seiner Arroganz antat: »Während er mich einerseits stützte und stärkte, machte er mich andererseits nieder … Allmählich hörte ich ganz auf zu sprechen, wenn wir zusammen waren.« (K. Graham in ihrem Memoiren).

In Pakulas Film über die Watergate-Affäre, *Die Unbestechlichen* (*All the President's Men*) (1976), mit Dustin Hoffman und Robert Redford, kommt »Mrs. Watergate«, die die Aufdeckung erst ermöglichte, nicht vor. Nachdem ich Anfang 2006 Kay Grahams Memoiren gelesen hatte, sah ich mir den Film voll gespannter Vorfreude noch einmal an, um zu sehen, wie ihr Part wohl behandelt würde in dem berühmten Film. Vergebliche Hoffnung, mann fand sie nicht der Rede wert.

Ich gebe seit 20 Jahren den frauenbiographischen Kalender *Berühmte Frauen* heraus. Auf dem Titel des neuen Kalenders ist die Schriftstellerin und Kritikerin Susan Sontag abgebildet – sie wäre im nächsten Jahr 75 Jahre alt geworden. Ihre langjährige Partnerin, die Fotografin

Annie Leibovitz, wird in dem Kalender-Porträt natürlich *nicht* übergangen.

Manchmal haben auch Männer am Kalender mitgewirkt. Ein auffälliger Unterschied zwischen den Biographien, die Frauen schrieben, und denen, die Männer ablieferten, war die ausschließliche Konzentration auf das Werk bei den Männern. Ich bekam den Eindruck, daß männliche Biographen das Standardmodell der Biographie großer Männer auf Frauenbiographien übertragen: Die Frau als Partnerin ist nicht der Rede wert, weder als Partnerin des Mannes *noch* der Frau.

Hingegen der Mann als Partner einer bedeutenden Frau – seine Erwähnung ist unerläßlich (Tracy, Philip Graham). Und wenn er der Frau geschadet hat, so bleibt das unter dem Teppich.

Das Perfide bei dieser Art Geschichtsschreibung ist, daß frau bereits Bescheid wissen muß, um festzustellen, was alles unterschlagen wird. Ich habe die Briefe und Autobiographien von Graham, Hepburn und Carson gelesen und merkte sofort, daß die »Standardbiographien« in typischer, ja vorhersagbarer Weise unvollständig waren: Lesbische Beziehungen und männliche Grausamkeit gibt es nicht; Freundinschaft zwischen Frauen wird kaum je ihrer lebenswichtigen Bedeutung entsprechend gewürdigt.

Künstlich am Leben erhalten wird auf breiter Front, standardmäßig, ein Idealbild des Mannes: Er ist stark und ohne Fehl, und schon deshalb hat die Frau keine Götter neben ihm – von Göttinnen ganz zu schweigen.

Da halten wir Frauen uns doch lieber an den klugen Rat Schleiermachers:

> Du sollst nicht falsch Zeugniß ablegen für die Männer; du sollst ihre Barbarey nicht beschönigen mit Worten und Werken.

Zu ergänzen wäre noch:

> Du sollst auch den naheliegenden Ausweg aus der Misere nicht verschweigen, den schon viele kluge Frauen gefunden haben.

Juli 2007

Simone, Hillary und die Schürzenjäger

Zum hundertsten Geburtstag Simone de Beauvoirs habe ich einige Sendungen über sie gehört und gesehen, auch die französische Filmbiographie *Der Liebespakt: Simone de Beauvoir und Sartre* von Ilan Duran Cohen.

Zum Wahlkampf Hillary Clintons lese ich derzeit Carl Bernsteins Biographie *A Woman in Charge: The Life of Hillary Rodham Clinton* (deutsch: *Hillary Clinton – Die Macht einer Frau*, rund 1.000 Seiten).

Die Gemeinsamkeiten dieser für die Geschichte der Frauen vielleicht wichtigsten Frauen der letzten 60 Jahre sind verblüffend, wären mir aber wohl nie aufgegangen, wenn der Hundertste und die heiße Phase des US-Wahlkampfs Beauvoir und Clinton nicht gleichzeitig in mein Blickfeld gerückt hätten.

Hier nun die Parallelen, die mir auffielen. Sie betreffen zur Hälfte den egoistischen »Liebespakt«, der den Frauen aufgenötigt wurde:

- der unnahbare, ablehnende, gleichwohl fordernde Vater
- die intellektuelle und philosophische bzw. politische Hochbegabung
- die für eine Frau ganz unglaubliche Karriere, ermöglicht auch durch ein unglaubliches Maß an Mut, Arbeit und Eigensinn

- stoisches Ertragen endloser öffentlicher Schmähungen
- permanenter geistiger Austausch mit einem brillanten und als Mann berühmteren Gefährten, der seine Partnerin bewundert und unterstützt – und umgekehrt. Ohne Hillarys solidarisches TV-Interview zur Gennifer-Flowers-Affäre wäre Bill nicht Präsident geworden. Ohne Simone war Jean-Paul hilflos.
- derselbe Mann ist ein zwanghafter Schürzenjäger, der die Partnerin permanent verletzt und demütigt
- statt den Mann zu verlassen, erträgt die Frau die Seitensprünge. Hillary verteidigt ihn auch noch, wieder und wieder, und rettet ihn vor dem politischen Aus.

Warum haben Simone und Hillary sich das gefallen lassen? Daß Jackie sich nach dem *womanizer* Kennedy auch noch Onassis antun mußte, war schon schwer nachvollziehbar – aber diese beiden hochemanzipierten Frauen?

Was ist los mit ihnen? Es verstört, wenn Frauen, die wir uns zum Vorbild nehmen und gern rückhaltlos bewundern wollen, emanzipatorische Schwachstellen aufweisen – und auch noch beide dieselbe! Wie hieß doch gleich Robin Norwoods Bestsellerin: *Wenn Frauen zu sehr lieben ...* Auf unsereine mag das ja zutreffen, aber auch auf diese beiden Ikonen der Frauen-Emanzipation, ausgerechnet?

Beim Nachdenken über die Gründe kam ich auf folgende Möglichkeiten:

Mütterliches Mitgefühl? Immerhin kam Bill aus einer sehr kaputten Familie, und Jean-Paul war ein Ausbund an Häßlichkeit. Vielleicht nahmen diese Frauen die sexuelle Inkontinenz ihrer Partner hin als männlichkeitsbedingte Hormonstörung, etwa so wie altersbedingten Gelenkverschleiß.

Pragmatismus? Wie bei den Königinnen, die die vielen Mätressen dulden mußten und sich durch ihren Status als Hauptfrau entschädigt fühlen sollten. Teilhabe am Glanz, der anders für Frauen in der männerdominierten Gesellschaft nicht zu haben ist, nicht einmal für Frauen vom Format einer Simone de Beauvoir oder Hillary Clinton.

Härtetest, Überlebenstraining? Nach dem Motto »Was mich nicht umbringt, macht mich stärker« erkannten sie vielleicht in dem aufgenötigten »Liebespakt« eine hervorragende Trainingsmöglichkeit für das Ertragen der unvermeidlichen Kränkungen in der weiteren Männerwelt – zumal ihr *personal trainer* sie nicht nur verletzte, sondern auch unterstützte. Diese Sicht würde erklären, warum gerade diese beiden dauergekränkten Frauen *so* stark wurden.

Und die Männer? Die sehen/sahen ihre Partnerinnen wahrscheinlich als echte Partner, Kumpel, beste Freunde. Dem Freund steht mann bei in jeder Lebenslage – aber sexuelle Treue ist mann ihm nicht schuldig, wäre ja direkt pervers.

Bedeutende Männer, die brillante Frauen auch nur neben sich dulden, sind selten. Solche, die sie auch noch fördern und bewundern, sind an einer Hand abzuzählen. Clinton fällt mir ein, oder Sartre. Daneben vielleicht noch Rodin und Brecht, und deren brillante Partnerinnen zahlten dafür denselben Preis wie Beauvoir und Clinton.

Zum Schluß noch eine weitere mögliche Parallele zwischen Simone und Hillary:

Sartre galt als der große Philosoph, Beauvoir als die bessere Schriftstellerin – entsprechend dem Gefälle zwischen diesen beiden Berufen. Die Forschung sieht es inzwischen eher umgekehrt: Den größeren und bleibenden Beitrag zur Philosophie hat sie geleistet, er war als Schriftsteller begabter.

Vielleicht ist Hillary auch die bedeutendere Politikerin? Wir werden es nur erfahren, wenn das Land der unbegrenzten Möglichkeiten und seine gehässigen Männermedien ihr eine Chance lassen.

Februar 2008

Politik

Hillary und die Weisen Frauen von New Hampshire

Vor knapp einem Jahr schrieb ich meine erste Glosse über Hillary und Barack und die Schein-Alternative zwischen »Change« (Barack) und »Experience« (Hillary) (vgl. *Die Eier des Staatsoberhaupts*, S. 123-126). Hillary steht sicher für beides – bei Obama bin ich mir weniger sicher.

Obama wird – besonders von den Weißen – gefeiert als einer, der den Rassenkonflikt durch Verhalten und Herkunft transzendieren kann: Seine Mutter eine weiße Amerikanerin, sein Vater ein Schwarzer aus Kenia.

Wie aber sollte Hillary den Geschlechterkonflikt transzendieren? Sie versucht es, indem sie ihn so selten wie möglich erwähnt (und dadurch enttäuscht sie viele Frauen) – aber »personifizieren« kann sie Transzendenz schlechterdings nicht: Die Biologie vermischt beim Nachwuchs nur die Hautfarbe von Mutter und Vater, nicht aber das Geschlecht.

Hillary hätte als Transgender-Person keine Chance. »Männliche Härte« wird ihr vorgeworfen und nicht etwa als transzendent zugute gehalten.

Viele Frauen haben inzwischen darauf hingewiesen, daß es in den USA leichter ist, als schwarzer Mann an die Macht zu kommen denn als Frau, sei es weiß, schwarz, gelb oder rot.

Dazu die schwarze Kongreßabgeordnete Shirley Chisholm (1924-2005): »Von den zwei Handikaps, die meine politische Karriere behinderten, war Weiblichkeit sicher schwerwiegender als das Schwarzsein.«

Soviel zum Thema »Change«. Kommen wir nun zum eigentlichen Drama des vergangenen Vorwahl-Dienstags in New Hampshire.

Die Umfragen haben für die Republikaner alles richtig vorhergesagt, aber für Hillary lagen sie um 11-16 (!!) Prozentpunkte daneben. Sie bekam 39, Obama nur 36 Prozent – vorausgesagt worden war für ihn ein zweistelliger Vorsprung. So etwas hat es seit der falschen Prognose einer Wahlniederlage für Truman 1948 nicht mehr gegeben. Die Zunft der Meinungsforscher ist beschämt und mit ihnen die Journalisten, die ihnen geglaubt und die Nachricht von Obamas Triumph über Hillary begeistert wieder- und wiedergekäut haben.

Ich allein bestand, als ich die niederschmetternden Zahlen hörte, tapfer auf folgender Sicht der Dinge: »Ist doch klar, was hier abgeht. Sie haben wieder die Frauen übersehen, nicht einkalkuliert, nicht befragt und falsch gewichtet, ganz besonders die älteren Frauen, Hillarys eigene Generation. Und die »Baby-Boomers« sind ganz schön zahlreich ... Ihr werdet schon sehen, sie kommen raus und wählen Hillary, denn das Wetter ist schön, die Straßen sind eisfrei und die Frauen brauchen keine Angst vor einem Sturz mit Oberschenkelhalsbruch zu haben.« – Soweit die gewiefte Autorin der Bestsellerin »Die Frau ist nicht der Rede wert« über die wahre Tragweite des Omi-Faktors!

Was ich bis dahin nicht wußte: Die demokratische Partei besteht sowieso zu 60 Prozent aus Frauen (in der Führungsspitze schlägt sich das allerdings – noch – nicht nieder). Und die Demokratinnen sind überwiegend für Hillary, besonders die armen und die alten Frauen – Gruppen also, von denen wir von jeher wissen, daß sie kaum mal ins Blickfeld geraten. Unter den Frauen über 65 wählten 65 Prozent Hillary und nur 35 Prozent Obama oder Edwards. Sie hatten ihre Entscheidung schon lange zuvor getroffen und handelten vor allem auch danach, während die von der Meinungsforschung mit Vorliebe befragte Jugend, die von Obamas Auftritten restlos begeistert schien, sich das lästige Wählen bei dem schönen Wetter dann doch lieber ersparte.

* * *

Manchmal habe ich den Eindruck, daß ich mich, obwohl Ausländerin, viel mehr für den Wahlkampf interessiere als die Amerikanerinnen in meiner Umgebung selbst.

Vielleicht liegt es daran, daß ich als Deutsche erleben konnte, daß eine Frau tatsächlich Staatschefin wurde und es den Jungs mal so richtig gezeigt hat, besonders Schröder, der frech behauptete: »Die kann das doch gar nicht.«

Auch habe ich noch nicht vergessen, wie nach der Debatte zwischen Merkel und Schröder die Medien verbreiteten, Schröder sei souverän und staatsmännisch und Merkel hölzern und langweilig gewesen. »Charisma« attestierten sie Schröder zwar nicht so oft wie jetzt Obama, aber die Reaktion war ganz ähnlich wie die auf Obama vs. Hillary: Hier der strahlende junge Held, dort die bedauernswerte Alte.

Ich war schon bei Merkel ganz anderer Ansicht, und inzwischen hat auch der Rest der Welt gesehen, daß sie viel mehr kann (und viel besser aussieht), als die verzerrten Darstellungen in den Männermedien erahnen ließen.

Es war uns schließlich ein *Reality Check* vergönnt, genauso einer, wie ihn jetzt die Weisen Frauen von New Hampshire den Meinungsforschern und den Medien verpaßt haben.

Für die Frauen in aller Welt ist es vielleicht noch wichtiger als für das US-amerikanische Volk, daß die Männerherrschaft im Weißen Haus aufhört. So wie *ein* Cowboy von dort die ganze Welt in die Irak-, die Klima- und andere Katastrophen gestürzt hat, so könnte *eine* fähige Frau an der Spitze der mächtigsten Nation der Welt viel Unheil verhindern und weltweit einen wunderbaren Wandel (*Change*!) in Gang setzen:

> Wenn Frauen keine oder unzureichende medizinische Versorgung oder Bildung erhalten, ist das eine Verletzung von Menschenrechten. Wenn die Teilnahme der Frauen an Wirtschaft, Politik und Gesellschaft eingeschränkt wird, ist das eine Verletzung von Menschenrechten. Zu lange wurde die Stimme der Hälfte aller Menschen auf dieser Welt von ihren Regierungen nicht gehört. (Hillary Clinton, *Gelebte Geschichte*, München 2007, S. 345.)

»Hope« ist neben »Change« der zweite Kampfbegriff der Obama-Kampagne. Meine Hoffnung für die Frauen der Welt ruht auf den Weisen Frauen und auf Hillary.

Januar 2008

Der amerikanische Traum

In den letzten drei Wochen habe ich hier in Boston zu viel ferngesehen, fast jeden Abend stundenlang. Erst die Olympiade und gleich anschließend die *Democratic National Convention* in Denver.

Aber ich habe auch etwas gelernt dabei, über den amerikanischen, den chinesischen und den skandinavischen Traum.

Der chinesische Traum: Durch Drillfolter ab vier Jahren aus erdrückender Armut zum Olympiasieger. Olympiasieger*innen* waren sogar in der Überzahl: Sie gewannen 57 der 100 chinesischen Medaillen und 27 der 51 Goldmedaillen. Und sahen meist todernst und verloren aus.

Der amerikanische Traum führt bekanntlich »vom Tellerwäscher zum Millionär«. Von Tellerwäscher*innen* und Millionär*innen* haben wir weniger gehört. Es ist unwahrscheinlich, daß das nur an der männerdeutschen Übersetzung von *dishwasher* und *millionaire* liegt.

Bei seiner Dankesrede im Football-Stadion von Denver vor 84.000 ZuschauerInnen betonte Obama wieder, was vor ihm schon Vizekandidat Joe Biden über sich selbst gesagt hatte: »Mein Aufstieg aus ärmsten Verhältnissen zu höchsten politischen Ämtern war nur möglich in Amerika (frenetischer Beifall). Es ist der amerikanische Traum!« (Noch mehr Beifall.) Auch Michelle Obama beschwor für ihre und Baracks Aufstiegsgeschichte unter tosendem Applaus den amerikanischen Traum, der nur in Amerika und nirgendwo sonst möglich sei.

Wait a minute, dachte ich, als ich dies Mantra zum dritten Mal hörte.

Nur in Amerika möglich? Und was ist mit Gerhard Schröder, Ex-Bundeskanzler, Sohn einer armen Kriegerwitwe? Was mit Willy Brandt, »unehelicher« Sohn einer Kassiererin? Was mit Angela Merkel, die als Pfarrerstochter in der DDR einer armen, bestenfalls gelittenen Minderheit angehörte? Und Evo Morales und Lula und all die anderen StaatschefInnen, die ganz klein anfingen?

Michelle und Barack Obama sowie Joe Biden haben also gelogen. Oder sie haben es nicht gewußt. Oder, wie Obama über seinen Kontrahenten McCain in der Dankesrede sagte: »Er lügt nicht, es ist ihm auch nicht egal. Aber er kapiert es nicht – he just doesn't get it.«

Die amerikanische Nabelschau erinnerte mich fatal an die »lückenlose Berichterstattung« (*complete coverage*) zur Olympiade, die fast nur US-Amerikanisches zeigte. Andere Nationen kamen nur in den Blick insofern sie den US-AmerikanerInnen gefährlich werden konnten. Meistens war das China. Als Britta Steffen ihre zweite Goldmedaille gewann und nicht die amerikanische Hoffnungsträgerin Dara Torres, geriet die amerikanische Berichterstattung völlig aus dem Tritt, ebenso beim überraschenden Medaillengewinn des tunesischen 1.500-m-Schwimmers Mellouli.

Der »amerikanische« Traum kann also auch woanders geträumt werden.

Armut schändet nicht, aber sie ehrt auch nicht automatisch. Stalin war der Sohn eines gewalttätigen Trinkers und einer ehemaligen Leibeigenen. Und Hitlers »deutscher Traum«, sein beispielloser Aufstieg vom Stadtstreicher zum Tyrann über ganz Europa, war ein Alptraum. Söhne und Töchter aus reichem Hause wie Eleanor und Franklin D. Roosevelt, die drei Kennedys John F., Robert und Ted und viele andere waren oft eine Wohltat für ihr Land.

In den USA träumen Frauen noch immer meist vergeblich. Bill Clinton wurde Präsident, nicht Hillary. Obama wurde nominiert, nicht Hillary. McCain hat sich zwar Sarah Palin als Vizekandidatin ausgeguckt, aber es ist klar, daß sie benutzt wird, als Spaltpilz für die DemokratInnen und zugleich als Beruhigungspille für die Evangelikalen. Sie hatte gar keine Zeit zum Träumen.

Wenn US-Frauen ihren »amerikanischen Traum« verwirklichen wollen, sollten sie nach Skandinavien oder Ruanda auswandern: »Das Parlament von Ruanda hat mit 48,8 % den höchsten Frauenanteil … weltweit.« (Wikipedia, Stand 2007)

August 2008

Hurrikan Hillary

Vorgestern, nach Beendigung der *Republican National Convention*, sagte ich zu Joey: »Du mußt diesmal die Republikaner wählen: Sie sind nicht altenfeindlich, ihr Kandidat ist sogar elf Jahre älter als Hillary.« Joey protestierte heftig. Ich fuhr ungerührt fort: »Und sie sind nicht sexistisch: Wenn McCain vorzeitig schlappmacht, wird Sarah Palin die erste Präsidentin. Eine reelle Chance kriegt die Frau, und sie mußte dafür keinen Finger rühren!«

Anders als 1984 mit Geraldine Ferraro haben die Demokraten heuer nicht einmal eine weibliche Vizekandidatur hingekriegt, nicht einmal mit Hillary. Das demokratische Establishment hat die eigene Basis gleich zweimal geohrfeigt – ähnlich wie das katholische Establishment seine weibliche Basis in Permanenz beleidigt.

In England waren es auch die Konservativen, nicht etwa die *Labour Party*, die dem Volk mit Margaret Thatcher die erste Premierministerin bescherten. Deutschland hat sich 26 Jahre Zeit gelassen, um mit Angela Merkel gleichzuziehen, und wieder waren es die Konservativen.

George Bush senior war der erste, der einen Schwarzen, Colin Powell, zum Generalstabsvorsitzenden machte. Den umstrittenen Frauenbelästiger Clarence Thomas berief er in den Obersten Gerichtshof, wo er weiterhin Schaden anrichtet. Unverzeihlich bis heute das Verhalten der weißen Männerriege des *Senate Judiciary Committee* (unter ihnen Ted Kennedy und Joe Biden), die den schwarzen Mann »wie ein Mann« gegen die Anschuldigungen der schwarzen Frau, Anita Hill, verteidigten.

Bill Clinton machte in den USA zwar die erste Frau zur Außenministerin, Madeleine Albright, aber

George W. Bush überholte ihn mühelos mit Colin Powell und Condoleezza Rice.

Jetzt haben die *Democrats* die größte Chance ihres Lebens ganz vermasselt. Ihr Ticket enthält das übliche Zwei-Männer-Team.

Zugegeben, nicht ganz das übliche: Einer davon hat einen schwarzen Vater aus Afrika und gilt wegen der *one drop rule* als schwarz.

Warum tun immer die Konservativen das, was wir eigentlich von den Progressiven erwarten würden? Feministinnen fanden schon in den 60er Jahren für dieses »Phänomen« deutliche Worte: »Befreit die sozialistischen Eminenzen von ihren bürgerlichen Schwänzen!« Und die Konservativen tun uns den Gefallen auch nicht etwa, weil sie so gute Feministen sind, sondern aus taktischen Gründen. »Zynisch« war das Wort, das seitens der *Democrats* über McCains Wahl von Sarah Palin am häufigsten fiel.

Die Konservativen verstehen es glänzend, die Progressiven zu spalten und zu verwirren mit der uralten Strategie des »Teile und herrsche«. Mann nehme eine ultrakonservative Frau (Sarah Palin, Condoleezza Rice) oder einen stockkonservativen Schwarzen (Clarence Thomas) – schon sind die Progressiven lahmgelegt, wehrlos, entwaffnet: Sie haben eine natürliche Beißhemmung gegen KandidatInnen, die nicht »male or pale« sind – und seien die noch so rechtslastig. Kräftig zubeißen wäre rassistisch oder sexistisch, Verrat an der eigenen Sache. Die Spaltung wirkt dann Jahrzehnte fort: Pausenlos mußten wir Frauen uns mit dem »Argument« herumschlagen, Frauen wären auch nicht die Lösung, das sähe man ja bestens an Thatcher – »schlimmer als jeder Macho«!

Gegen diese systematische Unbill von allen Seiten – fehlende Frauen links und antifeministische Frauen rechts – hilft wohl nur die Quotierung: Nach der Amtszeit eines Mannes dürfen beide Parteien nur Frauen ins Rennen schicken. Hillary Clinton oder Nancy Pelosi gegen Christine Todd Whitman oder Olympia Snowe (meinetwegen auch Sarah Palin). Auch olympische Medaillen werden schließlich geschlechtergetrennt erkämpft und gemeinsam bejubelt.

Auf stürmischem Gebiet haben Frauen den Männern schon vorgemacht, wie es geht. Bis 1979 herrschte bei Hurrikans das reine Matriarchat: Sie hießen Audrey, Carol, Connie, Diane, Hazel, Ione, Janet, Betsy, Beulah, Camille oder Carla – um nur einige der gefährlichsten aus den 50er und 60er Jahren zu nennen.

Seit 1979 herrscht Quotierung: Auf Gustav folgt Hannah, auf Hannah Ike, auf Ike Josephine … und auf Barack Hillary!

September 2008

Sprache

»Muttersprache« oder »Herkunftslandssprache«?

Seit bald 30 Jahren ziehe ich nun schon über die Männersprache Deutsch her. Regelmäßig kommt dazu in Diskussionen die Frage auf: »Aber wieso heißt diese Männersprache dann ausgerechnet Muttersprache?!«

Gute Frage. Die »Muttersprache« wird nicht von den Müttern gemacht, und schon gar nicht in ihrem Interesse. Sprache entwickelt sich in der Öffentlichkeit, wird also von Männern oder Vätern gemacht, die bekanntlich den Frauen und Müttern den Zutritt zur Öffentlichkeit jahrhundertelang versperrten und verboten – und in vielen traditionellen Gesellschaften ist es heute noch so. Die Frau durfte nicht von der Kanzel predigen, nicht publizieren, nicht an der Universität lehren, in Politik, Wirtschaft, Militär und Justiz nicht mitreden – von ganz seltenen Ausnahmen abgesehen. Sprache wird erst dann frauenfreundlicher, wenn Frauen öffentlich mitreden. Seit etwa 50 Jahren sind wir Zeuginnen dieser Entwicklung.

»Muttersprache« ist trotzdem ein zutreffender Ausdruck in einem Sinne, den erst neuere Forschung ergründet hat. Das Kind hört sehr gut im Mutterleib, und was es da neben Verdauungsgeräuschen vor allem hört und liebenlernt, ist die Sprache der Mutter. Die Mutter spricht in der Regel ihre Muttersprache, und das Kind lernt deren typischen Tonfall bereits im Mutterleib und entwickelt dafür eine nachweisbare Vorliebe. Nach der Geburt hört es lieber die Stimme der Mutter als beispielsweise des Vaters, und es zieht die Muttersprache deutlich einer Fremdsprache vor, die die sprachbegabte Mutter vielleicht auch hin und wieder spricht.

So weit, so gut. Vorgestern nun wurde eine Mail an mich weitergeleitet, in der sich ein besorgter Zeitgenosse vom Familiennetzwerk über Attacken gegen das ehrwürdige Wort *Muttersprache* aufregt:

> ... war ein Lehrerkollege von mir kürzlich auf einer Fortbildungsveranstaltung in Nordrhein-Westfalen und hat erzählt, dass dort in allen amtlichen Schriften das Wort »Muttersprache« konsequent abgeschafft und durch »Herkunftslandsprache« ersetzt wird.
> Die Begründung lautet: Das Wort »Muttersprache« erwecke den Eindruck,
> a) die Mutter sei zu Hause (das darf in der modernen Gesellschaft nicht mehr sein!),
> b) bringe ihren Kindern die Sprache bei (auch das darf nicht mehr sein, schließlich können das die »Profis« in den Krippen viel besser!) und
> c) werden hiermit Geschlechterrollen zementiert, was dem »Gender Mainstreaming« eindeutig widerspreche.
> Bei dieser Erläuterung war ich schockiert!!! Dürfen Mütter ihre Kinder heute nicht mehr das Sprechen lehren??? Allein wenn ich mir die hervorragenden Arbeiten unserer Wissenschaftsgruppe vor Augen führe, die so deutlich zeigen, wie wichtig die Mutter für ihre Kinder ist, wird mir bewußt, wie mit dieser »Emanzipation mit der Brechstange« allmählich, aber sicher die Grundlagen unserer Kultur zerstört werden. Gab es jemals eine menschliche Zivilisation, die es den Müttern verboten hat, ihren Kinder die Sprache beizubringen? Ich denke: nein!

Ich übergehe hier mal die etwas schlichte Annahme beider Lager, »Muttersprache« sei diejenige Sprache, die

die Mutter uns beibringt. Auch wenn das Kind keine Mutter hat, wird es seine Muttersprache schon lernen – es lernt einfach die Sprache seiner Umgebung. Im Patriarchat findet es da meist nur die genervte Mutter vor, weil Papa Wichtigeres zu tun hat.

Nun ist das, was die Mütter ihren Kindern mit der »Muttersprache« beizubringen gezwungen sind, ja leider in der Regel ein festgefügtes System männerfreundlicher, frauenausmerzender Grammatikregeln. Insofern ist der Terminus »Muttersprache« wie gesagt in sich widersprüchlich.

Auch ist »Mutter« ja heutzutage nicht mehr das, was sie mal war. Neben den altbekannten Ersatzformen Pflege-, Stief- und Adoptivmutter gibt es heute auch einen Ersatz für die leibliche Mutter, bzw. die Funktionen der leiblichen Mutter können verteilt sein auf die genetische und die Geburtsmutter.

Wie oben beschrieben, entwickelt das Kind im Mutterleib eine innige Beziehung zur Sprache seiner Geburtsmutter. Wenn nach der Geburt die genetische Mutter ihr Kind aufzieht, mag das Kind sich auch an ihre Sprache gewöhnen, wie an jede andere Sprache jeder beliebigen Erziehungsperson, die genügend mit dem Kind spricht. Heute ist das meist die Oma (s. S. 9-11). Wie wäre es also mit *Omasprache*?

Das Englische verzichtet auf den Begriff »Mutter« und spricht von *native language*. Während wir unsere Muttersprache in DAF-Kursen unterrichten (Deutsch als *Fremdsprache*) unterrichten Englischsprachige in ESL-Kursen *English as a second language*.

Demnach wäre »Erstsprache« auch ein passender Ersatz für das Wort *Muttersprache*. *Native Sprache* erinnert hierzulande zu sehr an natives Olivenöl.

Herkunftslandssprache ist dagegen ein typisch deutsches Wortungetüm und schon von daher abzulehnen.

Außerdem scheint das Wort speziell für MigrantInnen erfunden, die halt eine »Herkunft« haben und ein »Herkunftsland«, bevor sie in unserem deutschen Vaterland landen. Nur wer sich in der Fremde befindet, hat ein Herkunftsland – und eine Herkunftslandssprache.

Also ich plädiere dafür, das Wort »Muttersprache« beizubehalten – in dem oben erläuterten Sinne: Die Sprache, die ich schon im Mutterleib vernommen habe. In den meisten Fällen ist diese Sprache auch meine Erstsprache.

Vaterland, *Vaterstadt* und *Vaterhaus* – sehr imposante Begriffe, mit denen unsere Herkunft komplett dem raumgreifenden Vater zugeordnet wird.

Der Mutter werden zugebilligt: *Muttermal* und *Muttermilch*, *Mutterleib* und *Mutterkuchen*. Mutter kommt in unserer Männersprache über ihre Leiblichkeit nicht hinaus – nur *Muttersprache* kündet von anderen Dimensionen. Schon deshalb können wir auf das Wort nicht verzichten.

Und dann müssen wir weiter daran arbeiten, daß die Muttersprache ihrem Namen Ehre macht und ein mächtiges schönes Mutterschiff wird.

September 2008

Tierleben

Knut, Flocke, Mägdefrau

Es geht um kultige kleine Eisbärinnen und Eisbären, Tierpflegerinnen und -pfleger und einen Vizedirektor. Vor allem aber geht es um Namen.

»Knut« war eine rundum gelungene Namensgebung. Erst mal schön nordisch, wie es sich für ein Tier vom Nordpol gehört. Und alle fanden Knut zum Knuddeln und zum Knutschen. Auch international war »cute Knut« ein Hit.

Nun ist er nicht mehr zum Knuddeln, aber »Knut« paßt bestens auch für das mittlerweile ausgewachsene und hochgefährliche Raubtier.

Knuts »Ziehvater« Thomas Dörflein hatte nicht nur einen zu Klein Knuti passenden, niedlichen Namen, sondern auch eine interessante Tätigkeitsbezeichnung. Das Wort »Ziehvater« hatten doch die meisten von uns noch nie gehört.

Jetzt hat Nürnberg also eine »Knutine«, wie es neulich in der Zeitung hieß. Knut das Original, Knutine die Kopie?

Nein! – Aber auch der Nürnberger Tiergarten will natürlich mit dem kleinen Knuddeltier groß Kasse machen und startete eine publikumswirksame Tauf-Aktion, als die kleine »Weißwurst« (so Pflegerin Petra) noch winzig war wie ein Meerschweinchen. Zehntausende machten mit, auch ich. Meine Vorschläge: »Pippi«, »Ronja« und »Astrid«, zu Ehren von Astrid Lindgren, deren 100. Geburtstag wir letztes Jahr gefeiert haben – garantiert nordische und obendrein kinderfreundliche Anmutung!

Pflegerin Petra (ihr Nachname wurde nicht verraten) erzählte in einer TV-Reportage, jede Stunde erfände sie mindestens fünf Namen für die Kleine. Außer »Weißwurst« gestand sie auch noch »Stinkbombe« – offenbar läßt sie sich von dem Rummel nicht beeindrucken und sieht die Sache sehr nüchtern.

Nun hat aber, unter zigtausenden von Vorschlägen, »Flocke« gesiegt. Ich vermute, der Vorschlag stammt von einer Marketingfirma, die der Tiergarten dafür bezahlt hat. Wir anderen Vorschlagenden wurden manipuliert zur Verstärkung des Eisbärmädchen-Hypes. Aus werbetechnischen und -rechtlichen Gründen brauchte der Tiergarten einen unverbrauchten Namen, der sich von daher zur Marke eignet, Stichwort »Branding«. Dafür ist *Flocke* sehr geeignet, niemand heißt so. Solche geschäftlichen Erwägungen waren wohl den meisten fremd, die da mitgemacht haben.

Flocke ist kein Mädchenname – könnte aber bald einer werden. Vorerst erlauben deutsche Standesämter allerdings nicht, Kindern Phantasienamen wie Vanille, Flocke, Dollar oder Souvenir zu geben, wie das z.B. in den USA gang und gäbe ist. Hier muß alles seine namentliche und geschlechtsmäßige Ordnung haben.

Wenigstens heißt die Kleine nicht »Flöckchen« wie in »Schneeflöckchen, Weißröckchen«.

Bei Knut hatte alles seine Richtigkeit. Er hatte einen Jungennamen, war erst der Eisbärjunge Knut, jetzt ist er *der* Eisbär Knut. Alles durch und durch maskulin, genau wie die BärInnen für die Kinderstube, vom Teddybär (benannt nach Teddy Roosevelt) bis zu Pu der Bär.

Flocke dagegen hat keinen richtigen Mädchennamen, und nicht mal das Wort »Eisbärmädchen«, das für sie am häufigsten verwendet wird, hat irgendeine Richtigkeit. Es setzt sich zusammen aus *der Eisbär* und *das Mädchen* – kein Femininum weit und breit. Die Bezeichnungen für Flocke sind Patchwork, wie das eben für Frauen üblich ist. Die Pfleger nennen sie auch gerne »kleiner Kerl«.

Von Flocke hörte ich zum ersten Mal durch Silke Gyadu geb. Hoffmann, die mir folgende E-Mail schrieb: »Bei dem derzeitigen Medienrummel um die süße Baby-Eisbärin im Nürnberger Tiergarten fällt der ungewöhnliche Name des Vizedirektors auf: Der Mann heißt mit Nachnamen Mägdefrau – vielleicht ein kleiner Trost für die weiblichen Bach-, Berg-, Heine-, Neu- und sonstigen -männer.«

Wir leben in einer Kultur, in der Frauen nicht nur *Bachmann* etc. heißen, sondern sogar *Larsson* (= Sohn des Lars) oder *Angelou*. Maya Angelou, die große amerikanische Dichterin, wörtlich »die Maya des Angelos«, heißt so nach einem Herrn Angelos, mit dem sie mal eine Weile verheiratet war.

Kein Wunder, daß wir uns da freuen, wenn wir mal auf einen Helmut Mägdefrau (Vizedirektor des Nürnberger Tiergartens), Karl-Heinz Jungfer (Froschzüchter) oder Horst Sitta (Sprachwissenschaftler) treffen.

»Ursula« wäre auch noch ein hübscher Name für Flocke gewesen, es bedeutet schließlich »kleine Bärin«.

Das Sternbild der Großen Bärin (*Ursa Maior*) wurde zum Großen Bären vermännlicht, obwohl nach der griechischen Sage diese Bärin ursprünglich eine arkadische Göttin oder die Nymphe Kallisto war und zu den Gefährtinnen der Artemis gehörte. Göttervater Zeus vergewaltigte und schwängerte sie, daraufhin wurde sie von seiner Gattin Hera oder von Artemis zur Strafe in eine Bärin verwandelt und von Zeus als Sternbild an den Himmel versetzt, als ihr gemeinsamer Sohn, inzwischen zum Jäger herangewachsen, seine Mutter unwissentlich erlegen wollte. Merke: Ob am Himmel oder auf Erden, in der Wildnis, im Zoo oder im Kinderzimmer, als Göttin, Nymphe, Tier oder Spielzeug, die Bärin muß weg, schon rein sprachlich ist sie mühsam, als Bär kommt sie einfach besser an: Flocke hat schon ihre eigene Webseite; sie heißt http://www.flocke-eisbaer.de. Und so leuchtet sie am Himmel als Großer Bär, wird geknuddelt und geliebt als Teddybär und als Eisbär Flocke, der kleine Kerl, oder gefürchtet als Eisbär, König der Arktis. *Arktis* bedeutet »Land unter dem Sternbild der Großen Bärin«, von griech. *Arkte* »Bärin«. Ist auch bald weg, die Arktis. Und damit auch der Eisbär. Aber uns bleibt ja noch der Zoo. Und der Teddybär.

Februar 2008

Weihnachten

Auf dem Weihnachtsmarkt

Selten genug überwinde ich mich in der lähmenden Vorweihnachtszeit zu meinem Powerwalk in der Eilenriede, Hannovers grüner Lunge, die nur fünf Minuten von meiner Wohnung entfernt liegt. Die Stadt brüstet sich wie viele andere mit ihrer grünen Lunge, sie sei die größte in ganz Deutschland oder Europa. Etwa auf der Hälfte meiner Rennstrecke drängt sich der Bratwurststand am Lister Platz wieder in meinen Sinn, an dem ich auf dem Hinweg tapfer vorbeigeeilt bin, obwohl es von da so verführerisch duftete, nach Bratwurst vom Holzkohlengrill und Glühwein mit Schuß.

Jedes Jahr zum ersten Advent tut sich in der Lister Meile der Weihnachtsmarkt auf. Arme VerkäuferInnen von Modeschmuck oder Kunsthandwerk aus Afrika sitzen den ganzen Tag mit einladendem Lächeln in ihren Büdchen, während das Publikum zielbewußt an ihnen vorbei zum nächsten Bratwurststand strebt. Wenigstens haben sie es nicht mehr so kalt wie einst, tröste ich mich, wenn auch ich ihren exotischen Schätzen eine gediegene Bratwurst vorziehe. Ich habe etliche der Bratwurststände ausprobiert – keine Frage: der achteckige gleich an der U-Bahn ist der beste. Den Chef-Bratwurstwender sehe ich da jedes Jahr, die Gehilfinnen und Gehilfen wechseln. Dies Jahr sind es überwiegend junge Leute, die früher wohl Besseres zu tun hatten und den Ekeljob rüstigen Rentnerinnen überließen, die sich etwas hinzuverdienen mußten.

Auch die Frauen tragen das fettige Sweatshirt mit dem Aufdruck »Brat-König«. »Müßten Sie nicht eigentlich

›Bratkönigin‹ heißen?« fragte ich neulich eine von den schüchternen Helferinnen. Sie lachte. »Ach so genau nehmen wir das nicht.« Und ihr Chef half nach: »Dann müßte ich ja auch Bratkönigin heißen. Zweierlei Aufdruck, das wird zu teuer.« »Aha«, sagte ich, »Sie nehmen es also doch genau.« Ich glaube, sie haben mich gar nicht verstanden – und ich wandte mich lieber wieder meiner Bratwurst zu.

Die Männer erzählen sich gerne was mit der Kundschaft, meist schimpfen sie über Hannover 96 oder sonst einen Fußballclub. Heute schnappte ich folgenden Satz auf: »Ich mag keine Bratwurst.« Das sagte ein Mann, der den ganzen Tag im Bratwurstdunst steht und dem Publikum Bratwurst nach Bratwurst verabreicht. Erstaunt war ich über die fehlende Dramatik, sein bewegendes Understatement. Erwartet hätte ich so was wie »Ich kann Bratwurst nicht mehr sehen, sie steht mir bis hier!«. Alle hätten das von Herzen nachfühlen können – aber so deutlich darf er es wohl nicht sagen.

Ich weiß nicht, wann die Mode mit dem Glühwein aufkam, aber sie hält sich jetzt schon eine ganze Weile. Früher wurden auf dem Weihnachtsmarkt nur die traditionellen Weihnachtssachen verkauft: Lebkuchen, Kerzen und Kerzenhalter, Geschenkartikel für das kleine Portemonnaie (z. B. Portemonnaies), Kunsthandwerk, Krippenfiguren und Handgemachtes aus dem Erzgebirge, Gestricktes zum Warmhalten. Aber nun will es ja seit Jahren gar nicht mehr kalt werden. Das Volk läßt sich dadurch nicht stören, packt sich bei frühlingshaften Temperaturen schön warm ein und trinkt reichlich Glühwein zum Aufwärmen.

Aus dem Weihnachtsmarkt wird immer mehr eine Freßgasse für Erwachsene. Für Kinder und solche, die es geblieben sind, gibt es noch immer Süßes, gebrannte Mandeln und dergleichen, aber vor allem die verkühlten erwachsenen Begleitpersonen finden überall Deftiges zur Kräftigung: Türkische Blätterteigtaschen, fetttriefend, altdeutsche Reibekuchen, fetttriefend, nicht zu vergessen Schmalzgebackenes und die Brat- und Schinkenwürste. Wenn einer der Heiligen Drei Könige ein Deutscher gewesen wäre, hätte er dem Jesuskind sicher eine Bratwurst mitgebracht.

Warum bloß wird zu Weihnachten noch mehr gegessen als sonst? Warum ist auch der zur Expo neu hergerichtete hannoversche Hauptbahnhof jetzt eine einzige Freßhalle geworden, wo frau vor lauter Thüringer Bratwürsten, Mett- und Fischbrötchen, Laugenbrezen, Crêpes, Pizzen und Zwiebelkuchen den Fahrkartenschalter nicht mehr finden kann?

Die Antwort dämmerte mir, als ich neulich eine entfernte Verwandte besuchte – ein Höflichkeitsbesuch, zu sagen hatten wir uns nichts. Um so mehr gab es zu essen. Mit dem Essen tat die Gastgeberin der Gästin etwas Gutes, wie es sich gehört. Und da uns zueinander wenig einfiel, war es günstig, immerzu den Mund voll zu haben, so daß das auffällige Schweigen als »gefräßiges Schweigen« interpretiert werden konnte.

Beim Weihnachtsessen, zu dem die entfremdete Familie sich einmal im Jahr zusammenfindet, ist es ähnlich. Ungemütliche Gesprächspausen kommen nicht auf, weil kein Gespräch aufkommt, denn alle haben immerzu den Mund voll mit den Weihnachtsköstlichkeiten. Oder sie genießen das Super-Fernseh-Festprogramm, bei dem nicht miteinander geredet werden kann, das wäre ja direkt unhöflich.

Und nun hat das Prinzip »einander etwas Gutes tun« vom Weihnachtsfest auf den Weihnachtsmarkt und von den Nächsten auf uns selbst übergegriffen, vielleicht weil uns zu uns selbst auch nichts mehr einfällt. Erschöpft von der Suche nach passenden Geschenken für unpassende Verwandte oder von der Hektik des Hauptbahnhofs und des Lebens ganz allgemein tun wir uns zwischendurch eben selbst mal etwas Gutes, wärmen uns mit einem Glühwein und stärken uns mit einer Laugenbrezel oder einer Weihnachts-Bratwurst. Das ist im übrigen auch viel angenehmer und naheliegender als so ein kräftezehrender Powerwalk durch die Eilenriede.

Dezember 2003

Die reine Jungfrau zart

Ein Beitrag zur Weihnachtszeit und zum Internationalen Tag gegen Männergewalt an Frauen am 25. November

Jungfrauen gibt es viele, von dem gewaltigen Bergmassiv in den Berner Alpen über die Heilige Jungfrau und Muttergottes bis hin zum Sternzeichen Jungfrau. Reinhold Messner ist eine Jungfrau, und bestiegen hat er die Jungfrau bestimmt auch schon. Oskar Lafontaine, Admiral Dönitz, Alexander von Humboldt, Theodor Storm, Richelieu, Tolstoi, Cesare Borgia – alles Jungfrauen. Männer halten Jungfernreden (*maiden speeches*), Schiffe machen Jungfernfahrten (*maiden voyages*) – über Jungfrauen ließen sich Bände füllen.

Für Henriette Davidis war Jungfrau sogar ein Beruf: In ihrer Ratgeberin *Der Beruf der Jungfrau: Eine Mitgabe für Töchter gebildeter Stände* (1857) teilt sie der lernbegierigen Jungfrau u.a. mit, daß es drei Arten der Liebe gebe: Die Mutterliebe, die Kindesliebe und die Nächstenliebe. Von der Liebe zum Manne hielt sie wohl nichts; sie selbst blieb auch lieber Jungfrau.

Diese bewegenden Tatsachen will ich heute aber außer acht lassen. Es geht mir um die Reinheit der Jungfrau. Ihre Reinheit besteht offenbar in ihrer »Unberührtheit«, die dann auf andere unberührte Schönheiten übertragen wird, wie den jungfräulichen Schnee und den jungfräulichen Boden (*virgin soil*).

Rein ist das junge Mädchen nach dieser Auffassung auch dann, wenn sie noch nicht menstruiert hat. Die Menstruation gilt in vielen patriarchalen »Kulturen« als etwas ganz und gar Unreines. Nachzulesen z.B. in Shuttle & Redgroves *Die weise Wunde Menstruation*.

Wie schon Mary Daly festgestellt hat, sind Patriarchen von der Idee der Reinheit besessen. Eine Jungfrau, gerne auch »reine Jungfrau«, ist eine Frau, die noch »von keinem Manne erkannt«, d.h. penetriert wurde. Daß die Frau bei dem Vorgang möglicherweise auch aktiv beteiligt war und sich sein bestes Stück »einverleibt hat« statt bloß »penetriert zu werden«, kommt gewöhnlich nicht zur Sprache. Noch weniger, daß der erste Geschlechtsverkehr mit einer Frau den »Jungmann« zum Manne machen könnte.

Die obsessive Beachtung der Reinheit führt direkt zur sexuellen Gewalt gegen Mädchen, denn der Mann will eine reine Braut, eine die vor ihm noch niemand benutzt hat. Und je jünger sie ist, um so größer ist naturgemäß die Wahrscheinlichkeit der Unbenutztheit. In Südafrika wurden weibliche Babys vergewaltigt, weil die Männer glaubten, die Penetration eines »unschuldigen« weiblichen Wesens könne sie von Aids heilen. Was selten diskutiert wird, ist die Frage, *warum* die Frau durch den Verkehr mit einem Mann nicht nur »zur Frau« wird, sondern »ihre Reinheit« und »Unschuld« verliert. Der Mann hat sie mithin besudelt. Offenbar hat er keine besonders schmeichelhafte Auffassung von sich selbst oder seinem Sperma.

Es sähe ihm doch eher ähnlich, sein Sperma genau wie den Phallus zu vergöttern und die Frau, die er damit beglückt hat, als veredelt zu preisen.

Der Widerspruch hängt vermutlich mit dem Konkurrenzkampf unter Männern zusammen. Das eigene Sperma mag wundervoll sein, aber das Sperma der anderen verunreinigt die Braut, sie ist dann nichts mehr wert.

Und wie geht die moderne Frau mit diesem Schwachsinn um? Ein alter feministischer Witz gibt für den Anfang einen guten Rat:

> Wenn er dich fragt, ob er der Erste ist, schenkst du ihm einen prüfenden Blick und teilst ihm mit: »Schon möglich. Du kommst mir irgendwie bekannt vor.«

Weitere Aspekte des bis heute (Stichwort »Ehrenmorde«) tödlich gewaltbesetzten Themas würden wie gesagt Bände füllen.

Dezember 2007

Weihnachtsgeschenke

Gestern abend sahen wir zwei Folgen der Serien CSI (*Crime Scene Investigation*) und *Without a Trace*. In den Werbepausen wurden wir unablässig behämmert mit letzten Geschenktips für sie, für ihn und die lieben Kleinen. Weil CSI diesmal noch blutverkrusteter und leichenstarrer war als üblich, empfand ich die Anzeigen direkt als erholsam.

Im Gedächtnis geblieben ist mir besonders die Großartigkeit der Geschenke des Herrn für die Dame. Meist drückt er seine Liebe mit Schmuck aus, vorzugsweise aus Diamanten. Während er ihr das Geschmeide anlegt, blickt er zärtlich zu ihr hinunter und sie hinauf zu ihm. Und sie schmilzt und vergeht förmlich vor Freude und dankbarer Hingabe. Und ab in die Heia, seine Rechnung wird schon aufgehen.

Manchmal bekommt sie auch einen Rennschlitten von ihm, und das haut sie dermaßen um, daß sie in Ohnmacht fällt. Er steht lässig daneben, schaut zufrieden auf sie hinunter und murmelt »priceless«, im Hintergrund funkelt triumphierend seine Mastercard.

Und die Frau, was schenkt sie ihm, außer dieser reizenden Hingabe? Nun, viel Geld hat sie ja nicht, aber immerhin hat sie ihm, als Folge des Getümmels in der Heia, all diese Kinder geschenkt, die nun auch beschenkt werden müssen. Bei dieser schwierigen Aufgabe stehen ihr viele Firmen zur Seite. Für die »kleine Hausfrau von morgen« hat z.B. die Firma Interspar folgendes parat: »Staubsauger mit realen Funktionen und abnehmbarem Staubbehälter, inkl. Pellets zum Aufsaugen. Putzwagen mit reichhaltigem Zubehör wie z.B. Eimer, Besen, Wischmop, Schwamm, Staubtuch, Schaufel, uvm.« Preis 29,90 €.

Für den Knaben schlägt dieselbe Firma das Lego-Duplo-Bauernhof-Set vor, das überwiegend aus Maschinen besteht (Mähdrescher, Traktor) und 59,90 € kostet …

Auch die Firma Tchibo läßt uns nicht im Stich: Für ihren neusten Newsletter haben sie sich wieder etwas Schönes ausgedacht:

> Liebe Frau Pusch, Dieser vorweihnachtliche Höhepunkt ist das glanzvollste Ereignis des Jahres: die Wahl der neuen Miss Christmas. Deshalb werfen wir einen Blick vor und hinter die Kulissen, wenn sich die Schönsten der Schönen besonders feminin in glamouröser Mode und sinnlichen Dessous präsentieren.

Das glanzvollste Ereignis des Jahres ist nichts als heiße Luft. Eine Misswahl findet nicht statt, »Miss Christmas« dient nur als Vorwand, die sinnlichen Dessous zu präsentieren.

Die Abteilung für ihn heißt bei Tchibo »Stille Pracht«, ist in Grau, Braun und Schwarz gehalten und besteht hauptsächlich aus Hemden, Krawatten, Socken und Lederjacken. Wohl damit die Pracht angesichts dieser Tristesse nicht gänzlich stilliegt, sollen sich die Schönsten der Schönen besonders feminin in glamouröser Mode und sinnlichen Dessous präsentieren. Und da sie ja auch ihre Diamanten schon bekommen haben, werden sich die Schönen bestimmt nicht lumpen lassen. Immerhin ist Weihnachten das Fest der Liebe.

Dezember 2007

Oh du fröhliche, oh du lesbische ...

»Fröhlich« heißt auf englisch »gay« und »gay« heißt – »lesbisch« oder »schwul«. Also frei heraus damit. Es wird Zeit, daß auch unser braves altes Weihnachtslied mal sein Coming Out macht.

Fröhliches Thema heute: Der Freudentanz in der Community nach dem Coming Out von Anne Will und Miriam Meckel vor einem Monat.

Begeistert schlug der Lesben-und-Schwulen-Verband in Deutschland (LSVD) vor, den denkwürdigen Tag ihres Coming Out (17. November) zum Lesben-Feiertag zu erklären. Gute Idee, finde ich. Früher haben wir bei den Schwulen am CSD (Christopher-Street-Day) mitgefeiert, jetzt können wir sie zum AMCOT (Anne-&-Miriam-Coming-Out-Tag) einladen.

Am Ausmaß des Jubels läßt sich das Ausmaß der Unterdrückung ziemlich direkt ablesen. Endlich können alle sehen: Auch wir sind wer, und was für welche! Mit Anne Will und Miriam Meckel sind »zwei von uns« ganz da oben, sie sind bekannt, erfolgreich, jung, schön, sympathisch, brillant und anscheinend auch glücklich. An ihrem strahlenden Glanz können wir uns alle erbauen, das offen Lesbische zieht uns hinan, sozusagen. Das Paar besteht nicht nur aus einer Promi und einer Super-Promi, sondern ist auch noch mehr als fesch – und widerlegt damit das Klischee, alle Lesben sähen aus wie die gewaltige Gertrude Stein mit 60.

Überall war zu lesen, die beiden hätten sich zu »ihrer Liebe« oder »ihrer Homosexualität« bekannt, gerne wurden sie auch »bekennende Lesben« genannt. Haben wir schon mal irgendwo gelesen, zwei Menschen hätten sich »zu ihrer Verlobung« *bekannt* oder sie hätten »bekannt«, daß sie verheiratet sind? »Ich bekenne, daß ich zwei Kinder habe« – ist so ein Satz vorstellbar? Ob Anne und Miriam in die Rubrik »relig. Bekenntnis« *lesbisch* eintragen?

»Bekennen« sollen wir unsere Sünden oder was die Gesellschaft sonst gerade nicht mag, zur Zeit der MärtyrerInnen beispielsweise den christlichen Glauben. Die Wortwahl verrät ziemlich deutlich, daß Liebe zwischen Frauen und Liebe zwischen Männern erst seit kurzem und bei weitem nicht überall geduldet wird. Als ich so alt war wie das holde Paar jetzt wurde Günter Kießling, ein Vier-Sterne-General der Bundeswehr, von dem gemunkelt wurde, er sei schwul (er war es nicht), von seinem Dienstherrn Manfred Wörner (von dem das ebenfalls gemunkelt wurde) als »Sicherheitsrisiko« des Dienstes enthoben. Es war die Zeit vor der Aids-Katastrophe, die Botschaft wurde verstanden, und alles wurde nach dem fröhlichen Aufbruch der 70er Jahre erst mal wieder mucksmäuschenstill.

Sprachsensiblere Zeitungen schrieben, Meckel und Will hätten »bekanntgegeben«, sie seien ein Paar. Eine schrieb, sie hätten es »enthüllt«.

Es ist Weihnachtszeit, da hätte vielleicht auch das »Auspacken« nahegelegen: Sie haben endlich mal so richtig ausgepackt, die beiden Glücklichen.

Haben sie aber nicht, vielmehr soll es bei dem einen, strategisch plazierten Satz bleiben: »Wir sind ein Paar.« Ein schöner und stolzer Satz zwar, aber hat die darbende lesbische Community nicht vielleicht mehr verdient? Nein, heißt es, alles Weitere sei privat und solle es auch bleiben. Anne Wills Chef, die Medien und die Blogosphäre akzeptierten die Erklärung, denn natürlich: Die Privatsphäre ist uns allen heilig.

Aber haben wir nicht gelernt, das Private sei politisch? Das Privatleben von Will und Meckel ist sogar derart hochpolitisch, daß sie andernorts deswegen hingerichtet oder gesteinigt würden. Überhaupt sind hier erst mal ein paar Begriffe zu klären, bevor wir verstehen, was los ist. Nehmen wir Helmut Kohls Privatleben. Er hatte, wie so viele Männer in öffentlicher Stellung, deren zwei: ein offizielles zum Vorzeigen (mit Hannelore Kohl) und ein weiteres mit Juliane Weber, das »privat« bleiben mußte. Anne Will und Miriam Meckel hatten nicht das gesellschaftlich vorgeschriebene heterosexuelle Privatleben zum Vorzeigen. Sie traten die Flucht nach vorn an, um eine gewisse Kontrolle über das Outing zu behalten. Die zivilisierte Gesellschaft gestattet ihnen nun, nach dem »Bekenntnis«, auch dieses eigentlich unerwünschte Privatleben öffentlich vorzuführen.

Mit anderen Worten: Das heterosexuelle Privatleben ist zu großen Teilen *öffentlich*, insofern die Gesellschaft es vorschreibt. Das lesbische Privatleben ist dagegen notgedrungen wirklich privat, weil es öffentlich überhaupt nicht zugelassen ist. (Hier und im folgenden benutze ich *lesbisch* statt des häßlichen Wortes *homosexuell*; Schwule sind natürlich immer herzlich mitgemeint!)

Erst nach dem Kraftakt des Coming Out, dessen Ausgang oft ungewiß ist, darf das lesbische Privatleben sich an die frische Luft wagen. Üblicherweise aber schmusen Schwule und Lesben nicht hemmungslos in der Öffentlichkeit herum, wie Heterosexuelle das gewohnt sind. Tun sie es doch, so auf eigene Gefahr. Oft genug werden sie dafür angepöbelt oder Schlimmeres.

Der Status des heterosexuellen Privatlebens unterscheidet sich von dem des lesbischen wie der Tag von der Nacht. Je mehr Will und Meckel die Erlaubnis zum Öffentlichsein klug nutzen, um so besser für sie selbst und für andere Lesben, besonders da sie als öffentliche Figuren und Sympathieträgerinnen fabelhafte Multiplikatorinnen lesbischer Normalität sein könnten. Ziel ist natürlich eine emanzipierte Gesellschaft, in der das lesbische Privatleben öffentlich genauso frei dargestellt werden darf wie das heterosexuelle. Erreicht wird das Ziel mit Hilfe der Normativität des Faktischen, durch selbstbewußte öffentliche Darstellung des lesbischen Privatlebens nach dem schönen Motto: We're queer, we're here, get used to it!

Deshalb ist die Mitteilung, mit dem »Bekenntnis« *Wir sind ein Paar* habe sich die Sache und der Rest sei privat, so enttäuschend und auch ein wenig kurzschlüssig. Mühsam erkämpftes Terrain wird ohne Not aufgegeben, statt nun zügig weiter ausgebaut zu werden. Da ist Wowi doch schon ein gutes Stück weiter.

Sicher haben die Polit-Talkerin Will und die Kommunikationswissenschaftlerin Meckel über all dies auch schon viel nachgedacht. Ich bin gespannt auf ihren nächsten kühnen Schritt. Bis dahin freuen wir uns einfach an dem schönen Geschenk, das da endlich ausgepackt wurde, und führen weitere Freudentänze auf zu Carolina Brauckmanns wunderbarem Song »Sie sind ein Paar!«.

Dezember 2007

Verzeichnis der Glossen